クィア・レヴィナス

Queer
Lévinas

古怒田望人／いりや
Asahi Konuta / ilya

青土社

クィア・レヴィナス　目次

クィア・レヴィナス

凡例

引用した出典の典拠

・引用した著作の略号を用いる場合は、（　）内に略号と頁数を記載した。また、翻訳のあるものに関しては頁数を日本語訳、原典の順で記載した。

（例）Levinas, Emmanuel (1947=1990) *De L'Existence à l'Existant*, p. 66［『実存から実存者へ』p. 88］を引用した場合は、（EE：88/66）と記載する。

　略号を用いた文献については、参考文献一覧にその略号を記し、略号は著者名の直後に記載した。

・引用した著作の略号を使用しない文献については（　）内に著者名、出版年、頁数を記載した。

（例）Wittig, Monique (1992) *The Straight Mind: and Other Essays*, Beacon Press, p. 20 を引用した場合は、（Wittig 1992：20）と記載する。

引用文献の翻訳

・翻訳は、適宜既訳を参照しつつ、文脈に合わせて改訳を行っている。
・翻訳の省略に関しては［…］を用いて示した。
・翻訳の〔　〕内は引用者による補足である。

記号の使用法

・〈　〉は筆者が使用した概念の強調として、「　」は参照したテクストにおける概念の強調として用いる。

略号

・略号を使用したテクストの引用・参照に関しては以下の略号を用いた（参考文献一覧にも同様のものを

記載している）。

・レヴィナスの著作で略号を用いたもの

DE：(1935=1982) *De L'Évasion*, fata morgana〔「逃走論」、『レヴィナス・コレクション』合田正人編訳、ちくま学芸文庫、1999〕

EE：(1947=1990) *De L'Existence à l'Existant*, Vrin〔『実存から実存者へ』西谷修訳、ちくま学芸文庫、2005〕

TA：(1948=1983) *Le Temps et l'Autre*, Puf〔「時間と他なるもの」、『レヴィナス・コレクション』合田正人編訳、ちくま学芸文庫、1999〕

RO：(1948=2000) "La réalité et son ombre" in *Les imprévus de l'histoire*, « Le Livre de Poche »〔「現実とその影」、『レヴィナス・コレクション』合田正人編訳、ちくま学芸文庫、1999〕

PT：(1949) "Pluralisme et transcendance" in *Actes du* Xme *COngrés International de Philosophie*, vol. 1, North-Holland Publishing Company〔「多元論と超越」、『レヴィナス・コレクション』合田正人編訳、ちくま学芸文庫、1999〕

TI：(1961=1990) *Totalité et Infini*, « Le Livre de poche »〔『全体性と無限』藤岡俊博訳、講談社学術文庫、2020〕

EDE：(1967=2006) *En Découvrant l'Existence avec Husserl et Heidegger: réimpression conforme à la première édieion suivie d'essais nouveaux*, Vrin〔『実存の発見——フッサールとハイデガーと共に』佐藤真理人ほか訳、法政大学出版局、1996〕

HA：(1972=1987) *Humanisme de l'Autre Homme*, « Le Livre de Poche »〔『他者のユマニスム』小林康夫訳、書肆風の薔薇、1990〕

AE：(1974=1990) *Autrement Qu'être ou Au-delà de l'Essence*, « Le Livre de poche »〔『存在の彼方へ』合田正人訳、講談社学術文庫、1999〕

NP：(1976) *Noms Propres*, Fata Morgana〔『固有名』合田正人訳、みすず書房、1994〕

DSAS：(1977) *Du Sacré Au Saint: Cinq nouvelles lectures talumudiques*, Les Édition De Minuit〔『〔新装版〕タルムード新五講話——神聖から聖潔へ』内田樹訳、人文書院、2015〕

EI：(1982) *Éthique et Infini: dialogues avec Philippe Nemo*, « Le Livre de Poche »〔『倫理と無限――フィリップ・ネモとの対話』西山雄二訳、ちくま学芸文庫、2010〕

DQVI：(1982=1992) *De Dieu qui Vient à l'Idée*, Vrin〔『観念に到来する神について』内田樹訳、国文社、1997〕

HS：(1987) *Hors Sujet*, Fata Morgana〔『外の主体』合田正人訳、みすず書房、1997〕

EN：(1991) *Entre Nous: essais sur le panser-à-l'autre*, Grasset〔『われわれのあいだで――《他者に向けて思考すること》をめぐる試論』合田正人ほか訳、法政大学出版局、1993〕

DMT：(1993=1995) *Dieu, la MORT et le Temps*, « Le Livre de poche »〔『神・死・時間』合田正人訳、法政大学出版局、1994〕

DL：(1963=1976) *Difficile Liberté: essais sur le judaïsme*, Albin Michel〔『困難な自由 増補版・定本全訳』合田正人ほか訳、2008〕

Œ1：(2009) *Œuvres complètes, t. 1, Carnets de Captivité suivi de Écrits sur la Captivité et Notes philosophiques diverses*, Grasset-IMEC〔『レヴィナス著作集〈1〉捕囚手帳ほか未刊著作』三浦直希ほか訳、法政大学出版局、2014〕

Œ2：(2011) *Œuvres complètes, t. 2, Parole et Silence et Autres Conférences Inédites au Collége philosophieque*, Grasset-IMEC〔『レヴィナス著作集〈2〉哲学コレージュ講演集』藤岡俊博ほか訳、法政大学出版局、2016〕

Œ3：(2013) *Œuvre complètes, t. 3, Eros, Littérature et Philosophie*, Grasset-IMEC〔『レヴィナス著作集〈3〉エロス・文学・哲学』渡名喜庸哲ほか訳、法政大学出版局、2018〕

・そのほかの著作で略号を用いたもの

FrB：Bersani, Leo (1986) *The Freudian Body: Psychoanalysis and art*, Columbia University Press

H：Bersani, Leo (1995) *Homos*, Harvard University Press

IRG：Bersani, Leo (2010) *Is the Rectum a Grave? and Other Essays*, The University of Chicago Press

RB：Bersani Leo (2018) *Receptive Bodies*, The University of Chicago Press

序

中断されつつも、みずからの亀裂を埋める言説それが書物である。だが、書物たちはそれ自身の運命を有している。書物たちは、書物たちによっては包摂されない世界に属している。[…] 書物同士は中断し合い、他の書物に訴え、最後には語られたこととは異なる語ることのうちで解釈し合う。

――『存在の彼方へ』(1)

「わたしたち」のレヴィナス

エマニュエル・レヴィナスの思想は、周縁的なものの思想である。よく知られているように、彼は哲学における独我論的主体を批判し、そのような主体観において周縁化されている「他者」の存在を主題化した。それだけではない。彼は初期から倦怠や怠惰、疲労といった私たちの日常において周縁化されてしまう経験に目を向け続けた。そして、後期においては狂気と境を接するような壊

(1) AE : 387/264-265.

れやすい存在のありようを浮き彫りにした。村上靖彦の言葉を借りれば、彼の思想は「「知能指数が高く健康的で冷静な大人の男性」を前提としてきた哲学の出発点を根本から覆す」のだ（村上 2023：8）。レヴィナスは、哲学、そして既存の社会において規範的とされる観点から逸脱する理論を展開していた。

だが、「男性」――ひいては「異性愛者のシスジェンダー男性」であるという彼自身の性的マジョリティの観点から、レヴィナスは抜け出すことができていただろうか。彼の思想は、哲学において典型的に見られるセクシュアリティ観に対するオルタナティブを提示することができているのか。この問いは、彼が初期から一貫してセクシュアリティに関する理論を練り上げていたために不可避なものである。彼は「愛撫」や「繁殖性」といったセクシュアリティ概念を初期から常に論じ続けている。そのような彼のセクシュアリティ論は、マジョリティだけではなく、セクシュアリティにおいて周縁化された存在、クィアな人々（queer people）の存在を考慮に入れているのだろうか（なお、本書における「クィア」とは、規範的、典型的なジェンダー、セクシュアリティから逸脱する存在を意味する）。

私は本書を書き上げるまでに、こうした問いを掲げ、レヴィナス研究としてそれを展開してきた。しかし、レヴィナス思想にクィアな主題を接続する私の研究に対して「そんなものと〔レヴィナスを〕一緒にするな！」といった心無い言葉を投げかけられたこともある。これは、発言を行った個人にのみ帰属する問題ではなく、ある面で国内のレヴィナス研究の状況を反映したものである。

これから本書が明らかにしてゆくように、レヴィナスのセクシュアリティ論は、家父長的な生殖を特権化する異性愛・シスジェンダー中心主義から展開されている。かつて国内のレヴィナス研究は、こうした彼の規範性を再生産する言説を繰り返してきた。例えば、レヴィナスが異性愛をモデルにセクシュアリティを論じていることをあたかも自然な事実であるかのように扱ってきたし（ex. 内田 2001=2011）、セクシュアリティを生殖に還元する彼の態度を重要な哲学的議論として評価もしてきた（ex. 小泉 2003；檜垣 2012）。

このようなレヴィナスのセクシュアリティ論の文脈、そしてそのような彼の理論を解釈する国内のレヴィナス研究に鑑みたとき、「そんなものと〔レヴィナスを〕一緒にするな！」という言説は、きわめて「レヴィナス的」である。それに対して、本書は、いかに性的マジョリティである「あなたたち」が、レヴィナスの思想の規範性を再生産し、クィアな人々の存在や経験を抹消してきたのかを、彼のテクスト読解を通じて明らかにすること――つまり「レヴィナスをクィアに問う」ことを一つの目的とする。

では、「そんなもの」と呼ばれるクィアな「わたしたち」――私は「男にも女にもありきれない」ジェンダークィアという性を生きるクィアな存在である――には、レヴィナスのテクストと対面する道が存在しないのだろうか。生殖規範や家父長制、異性愛・シスジェンダー中心主義から零れ落ちてしまう「わたしたち」は、レヴィナスと出会うことができないのだろうか。「わたしたち」のクィアとしてのありようを否定することなく、「わたしたち」がレヴィナスと出会う仕方は存在しないのか。

本書が全体を通じて試みることは、このようなレヴィナスのテクストとクィアな人々との邂逅である。本書の目的は、彼のセクシュアリティ論がクィアな人々の存在や経験を抹消しているという問題を明らかにしつつ、その規範性を引き受けたとしても彼のテクストのうちにクィアな読解可能性が存在することを引き出し、そこにクィアなセクシュアリティの構造を見出すことにある。それにより、「わたしたち」にレヴィナスのテクストが開かれる仕方、言い換えれば、クィアな人々がアクセス可能なものとしてレヴィナス思想を展開する可能性を提示する。すなわち、本書の最終目的は、レヴィナスのテクストを「クィアに問う」ことを通じて、彼のテクストを「クィアな人々の生／性へと開く」こと、「あなたたち」に奪われてきた彼の言葉を、「わたしたち」の言葉として取り戻し、彼のテクストと「わたしたち」が出会い直すことである。

以下では、本書の導入として、レヴィナスの生涯を簡単に振り返りつつ、このような本書の目的がこれまで国内のレヴィナス研究において看過されてきたことを指摘し、その意義を確認したい。

レヴィナスの生涯——あるいは文学者としてのレヴィナス

レヴィナスは一九〇六年に生まれ、一九九五年に亡くなったリトアニア出身、フランス国籍のユダヤ系思想家である。彼のキャリアは大きく分けて哲学とユダヤ思想、この二つの流れから一般に知られている。

初期に当たる一九三〇年代から一九五〇年代にかけて、レヴィナスはエドムント・フッサールの現象学、ならびにマルティン・ハイデガーの存在論をフランスに導入する役割を果たした。その影響は大きく、ジャン＝ポール・サルトルはレヴィナスの課程博士論文『フッサール現象学の直観理論』（1930）を読んだことで、現象学を学ぶことを志したほどである。他方で、『実存から実存者へ』（1947）では倦怠や怠惰の現象学、『時間と他なるもの』（1948）ではセクシュアリティの現象学を展開するなど、初期からレヴィナスは彼独自の哲学を展開していった。

一九六一年に中期の主著『全体性と無限』を刊行。レヴィナスにとって国家博士論文となったこの著作では、「顔」と呼ばれる発話を介した他者関係の構造が分析された。同著の第四部においては、「女性的なもの」や「繁殖性」といった概念を通じて、セクシュアリティが体系的に論じられている。その一方で、彼は、第二次世界大戦後から東邦イスラエリット師範学校の校長を務めつつ、一九五七年から開始されたフランス語圏ユダヤ知識人会議において多数のタルムード講和を発表、後にそれらが書籍として刊行され、戦後フランスにおけるユダヤ思想受容の一端を形成することになる。

一九七四年に後期の主著となる『存在するとは別の仕方で、あるいは存在の彼方へ』（以下、『存在の彼方へ』）が発表される。そこでは、通常の文法を崩した破格のエクリチュールが描かれつつ、「語ること／語られたこと」、「痕跡」、「謎」、「近さ」、「彼性」といった独自の哲学概念から他者関係が論じられている。他方で、一九六八年の『タルムード四講話』や一九七七年の『タルムード新五講話』に見られるように、後期においてもレヴィナスは積極的にユダヤ思想に関する書籍を残し続けた。

このように、レヴィナスの思想家としてのキャリアは哲学とユダヤ思想、この二つの流れから展開されている。しかし、セクシュアリティという主題を扱ううえで、文学者としてのレヴィナスの存在を無視するわけにはいかない。

「現実とその影」(1948)における芸術論に顕著なように、レヴィナスは文学を含む芸術一般に対して否定的な態度を見せている。彼によれば芸術とは「非人間性」(RO : 304/108)を特徴とするものであり、他者との関係性を軸に論じた彼の主たる思想からはかけ離れたものとして位置づけられる。[2] 一般的にも、サルトルやジョルジュ・バタイユのような同時代の思想家と比べて、レヴィナスと文学との繋がりの印象は薄い。

だが、遺稿資料の刊行により、彼が第二次世界大戦中にフランス軍兵士として戦争捕虜となった捕囚時代の前後から「少なくとも一九六〇年代初頭まで」(CE1 : 20/14)小説を書きあげようとしていたことが明らかとなっている。事実、捕囚時代の手帳によれば、一九四〇年代の「私がなすべき仕事」は、哲学の主題に加えて、「文学」を含むものであった(CE1 : 88/74)。つまり、初期レヴィナスは「文学」という芸術活動を彼の仕事の一つの核に据えていたのだ。

レヴィナスはこの小説の構想を生前発表することはなかったが、彼にとって作家としての立ち位置は重要な役割を果たしていたといえる(ジャン＝リュック・マリオンによれば、レヴィナスの記述言語は

「作家のフランス語」とさえいえるものである［cf. Œ1：6/II］）。そして、重要なことに、この小説の草稿の一部は「エロス」[3]と題されている。「エロス」とはまさにセクシュアリティの観点を示唆するものだろう。文学者レヴィナスにおいて、セクシュアリティは大きな意味を持っていた。

加えて、先の「私がなすべき仕事」の一覧には「批評」としてのプルースト論も含まれている（Œ1：88/74）。レヴィナスは小説を残そうとしていただけではなく、文学批評をも試みようとしていた。このプルースト読解もまた、レヴィナスの思想家としてのキャリアに欠かせないものである。というのも、戦後、「プルーストにおける他者」（1948）に結実することになるレヴィナスのプルースト読解は、彼の中心概念である他者概念を形成することに繋がっている。彼によれば、「囚われの女アルベルチーヌの物語全体は、他者との関係の物語である」（cf. Œ1：86/72）[4]。そして、本書を通じて明らかにするように、彼のプルースト論は、セクシュアリティ論に決定的な影響を与えている。例えば、前述のプルースト批評の一つの主題は「愛」（cf. NP：162-164/122-123）というセクシュアリ

（2）「非人間性」に否定的な意味合いを持たせるレヴィナスの人間中心主義は大きな問題であるが、本書では第五章で彼のセクシュアリティ論が人間の外部へと広がってゆく展開を示唆する。
（3）小説の草稿には「エロス」あるいは「悲しき豪奢」という二つのタイトルが記されているが、本書では便宜的に「エロス」と呼ぶ。
（4）プルースト以外にも例えばシェイクスピアが、レヴィナスの思想形成において大きな役割を果たしており、彼は哲学の主題をシェイクスピア作品に帰属させようとしている（cf. TA：271/60）。

ティの水準から記述されている。

以上のように、レヴィナスのセクシュアリティ論を読解するうえで、彼の文学者としての立ち位置は軽視できないものがある。本書は、ある面において、哲学者やユダヤ思想家として知られるレヴィナスのドミナントな解釈に〈逆らって〉、文学者としての彼の思想の軌跡を浮き彫りにするものである。

本書の目的

一般に、レヴィナス思想が取り上げられるときにしばしば、「倫理学」という形でまとめられることがある（ex. 佐藤 2000；藤岡 2014；小手川 2015）。しかし、レヴィナス思想が注目を浴びるようになった一九八〇年代において既に、国内の研究では西谷修や合田正人がこの「倫理学」とは異なった彼の思想の側面を指摘していた（cf. 西谷 1987=2005；合田 1988）。近年では、村上が精神病理学やケア論の観点から彼の思想を論じ（村上 2012；村上 2023）、渡名喜庸哲は『全体性と無限』を「他者の倫理」とは別の理論を提示した著作として解釈することを試みている（渡名喜 2021）。

本書がレヴィナス思想をセクシュアリティ論から読み解くことも、さしあたりこういった「倫理学」とは異なった彼の思想の側面にアプローチする試みの一つとして位置づけられるだろう。特に近年、レヴィナスが、「エロス」と題された小説の草稿を残していたことや、倫理としての他者概念を練り上げる以前にセクシュアルな関係性における他者を主題としていたことが明らかとなり、彼のセクシュアリティ論は、レヴィナス研究のホットトピックの一つとなっている（cf. Cohen-Levinas 2011；ナンシー 2011=2012；ベンスーサン 2014；村上 2014；渡名喜 2021）。事実、刊行著作において彼が初めて「他者」という概念を主題的に用いるのは、愛撫の文脈においてであった（cf. EE：88/66）。

だが、こうしたレヴィナス思想の側面は、近年のレヴィナス研究の動向以前から注目されてきた主題でもある。シモーヌ・ド・ボーヴォワールは、一九四九年刊行の彼女の主著『第二の性』において、初期レヴィナスの『時間と他なるもの』（1948）におけるセクシュアリティ論を批判的に取り上げている。彼女は、『時間と他なるもの』においてレヴィナスが、「故意に男性の観点を取り入れ」、「男性の特権」を表明していると指摘し、彼のテクストに含まれる男性中心主義を批判している（Beauvoir 1949=1986：522/18）。このボーヴォワールの論点は、その後、リュス・イリガライの『性的差異のエチカ』（1984）における「愛撫の繁殖性――レヴィナス講読『全体性と無限』第四部B「エロスの現象学」」に引き継がれることになる。

他方で英語圏においても、二〇〇一年には、イリガライの前述の論文の英訳や『愛の形而上学 *The Metaphysics of Love*』（2000）でレヴィナスのセクシュアリティ論を初期から後期まで横断的に批判したステラ・サンドフォードの論考等を掲載した、『エマニュエル・レヴィナスのフェミニスト的諸解釈 *Feminist Interpretations of Emmanuel Levinas*』と題された論集が編まれることになる。さらに、『独房監禁 *Solitary Confinement*』（2013）で「批判的現象学（critical phenomenology）」を形成する素地を作り上げたリサ・グンサーも、『他者の贈与 *The Gift of the Other*』という、レヴィナスの生殖論をフェミニズムの観点から読み解く著作を二〇〇六年に出版している。(5)

このように、レヴィナスのセクシュアリティ論を論じる国外の哲学やフェミニズム、ひいてはジェンダー、セクシュアリティ研究は、一定の歴史的文脈をもっている。しかし、この流れは、国内のレヴィナス研究においてほとんど不可視化されてきた。例えば、フッサール、ハイデガー、モーリス・メルロ＝ポンティ、ジャック・デリダのような（男性）哲学者たちの思想とレヴィナス思想との関連性が広範かつ精緻に論じられるのに対して（ex. 屋良 2003；関根 2007；藤岡 2014；小手川 2015；渡名喜 2021）、ボーヴォワールやイリガライのレヴィナス批判を受け止め、レヴィナスのセクシュアリティ論に含まれた規範性の問題、また、その規範性を踏まえた上での彼の理論の可能性を学術的に論じた国内の研究はほぼ皆無であるといってよい。(6) それどころか、彼女たちの批判は、哲学・思想史の一部として簡単に触れられるに留まり、その内実は無視され、レヴィナスの理論の正当性を示すためのある種の〈やり玉〉のように扱われることさえあった。

例えば、『レヴィナスの企て』（2021）において渡名喜は、レヴィナスのセクシュアリティ論を主題の一つとしながらも、ボーヴォワールやイリガライの批判を逐語的に参照するに留まっている（cf. 渡名喜 2021：416-417）。それゆえ、彼が「時間性の問いとしてのエロス論」（渡名喜 2021：416-457）と呼び重視する、『全体性と無限』のセクシュアリティ論解釈と、彼女たちの批判を照らし合わせて論じることは行われていない。

あるいは、内田樹は、『レヴィナスと愛の現象学』（2001）において、レヴィナスの理論を正当化するために、ボーヴォワールやイリガライのレヴィナス批判を参照している。例えば、彼は、ボーヴォワールのレヴィナス批判を「女性的本質なるものは存在しない」という仕方で解釈しつつ、レヴィナスのセクシュアリティ論をこのボーヴォワールの主張に対抗した「女性的なるものの復権」の理論として打ち立て支持する（cf. 内田 2001=2011：240）。つまり、内田は、ボーヴォワールの批判を引き受けるのではなく、その批判を〈やり玉〉に挙げ、レヴィナスの理論の正当性を示すのだ。

以上のような既存のレヴィナス研究の態度は、第一章から第三章を通じて詳しく論じるように、レヴィナスのセクシュアリティ論が含んでしまっている問題を看過するだけではなく、ある面で再生産する結果を招いている。あたかもレヴィナスのテクストのうちに、男性中心主義のような問題が存在しないかのごとく扱うことは、彼のテクストの規範性を温存し、文献学的に反復することに繋がりうるだろう。それゆえ、本書は、こうした既存の研究の問題点を解消するためにも、初期から後期までのレヴィナスのテクストの内部にあるセクシュアリティに関する規範性を浮き彫りにし、

（5）グンサーのこの著作はレヴィナスのセクシュアリティ論の規範性と可能性を同時に示した点で、本書のひとつのモデルとなっている。本書は、彼女のレヴィナス読解方針を、クィアの観点から展開するものである。

（6）例外として横田（2022）をあげることができるが、第一章で論じるように横田の解釈はクィアな人々の存在をある面で抹消する結果を招いている。また、近年の研究では、高橋幸が国内の社会学理論における恋愛論を論じる文脈で、レヴィナスのセクシュアリティ論を批判的に取り上げている（cf. 高橋 2021）。

レヴィナスのテクスト研究としてその規範性が生む問題を明らかにするものである。
この結果として見えてくるのが、レヴィナスのテクストがクィアな人々の存在や経験を抹消しているという事態である。第二章から第四章を通じて見てゆくように、彼のテクストが示すセクシュアリティ観は、異性愛・シスジェンダー中心主義を一つの軸としており、そこに非規範的なジェンダーやセクシュアリティを生きるクィアな人々の居場所は存在しない。例えば彼は、セクシュアリティを一貫してシスジェンダーで異性愛者の夫婦の関係性から論じている。(7)

しかし他方で、本書は、レヴィナスのセクシュアリティ論を詳細に読解したとき、彼の様々なテクストが、クィアな読解可能性を指し示していることを論じる。具体的には、彼の初期から後期までの様々な断片的ではあるが豊かなテクスト——捕囚手帳、小説の草稿、文学批評、また著作の本題とは異なった文章や註のようなサブテクスト——に潜在するクィアな主題を引き出し、そこに異性愛・シスジェンダー中心主義からはかき消されてしまうクィアな人々の存在や経験を描き出すことを試みる。それは、規範的なセクシュアリティへと体系的にまとめられてゆくレヴィナスのテクストを、テクストの意図に〈逆らって〉クィアな問題系へと開かれるものとして読み替えてゆく〈クィア・リーディング〉の作業である。そこでは、彼の生殖論の異性愛・シスジェンダー中心主義に対して、プルースト論や愛撫論、そして自己変容論において指し示されるクィアネスが提示されることになるだろう。

そして、以上のようにレヴィナス思想をクィア・リーディングすることを通じて、本書は、彼のテクストを、自己と他者が混ざり合う〈同質性〉に基づいたクィアなセクシュアリティに関するものとして解釈することを試みる。彼の理論は、自他の「差異」や「異質性」を起点に論じられることが多いが、そこには自他が対立することなく混ざり合う観点が潜在している。こうした〈同質性〉の観点は、「外傷」(内田・合田 1986；村上 2012；村上 2023)のような他者との暴力的な関係性からレヴィナス思想を特徴づけてきた既存のレヴィナス研究とは、全く別の仕方で彼の言説を解釈することに繋がるだろう。

さらに、この〈同質性〉の視座をクィアな人々が生きる現実のうちにも見出すことで、レヴィナスのテクストがその生／性に開かれる可能性を本書は提示する。これにより、彼のテクスト、またそのテクスト研究からこれまで疎外されてきたクィアな人々が、そのテクストを読み、研究するための戸口を築くことを目指す。

レヴィナスは一九四〇年代の捕囚手帳の中で「男色家」を「病人に過ぎない」と断定した(cf. Œ1：190/161)。しかし一方で彼は、エイズ危機が顕在化した一九八八年に、セクシュアリティに関する「さらに探求すべき展望」(EN：326/258)を示唆している。[9]『セクシュアリティの歴史〈1〉』[8]

(7) 出生時に割り当てられた性別に沿って生きるジェンダー。非トランスジェンダー。
(8) 一般的には『性の歴史〈I〉』というタイトルで知られているが本書では文脈を考慮してこのように翻訳する。
(9) レヴィナスはフーコーの『狂気の歴史』(1961)を読んでいたことを記しており(cf. EDE：52/285)、フーコーへの一定の認識はあったと思われる。

（1976）でセクシュアリティを哲学概念としたミシェル・フーコーはエイズによって当時既に死去していたが、レヴィナスはクィアな人々を排除する言説を残しながらも、エイズ危機というクィアな人々の存在が大きく可視化され始めた時代に、セクシュアリティに関する「展望」を指し示そうとしていたのだ。確かに、彼はそれを具体的に語ることはなかったが、本書は、彼が語りきることのできなかった「展望」を、彼が残したテクストを通じて切り開くものである。

なぜ、レヴィナスをクィアに読解するのか

右の同性愛者蔑視の発言からも分かるように、レヴィナスはマジョリティ男性として生きており、そのような思想家からクィアな主題を引き出そうとする本書の試みの必然性は弱いように見える。しかし、レヴィナス思想をクィアに読解することはクィア研究やトランスジェンダー研究において必要であるだけでなく、彼のテクストそのものもまた極めてクィアなものだ。以下では、この二点の前提を確認したい。

近年、ボーヴォワールの『第二の性』やアイリス・マリオン・ヤングの「女の子みたいに投げる」（1980）を一つの足掛かりとして、ジェンダー、セクシュアリティ研究に現象学を接続させる試みがなされ、その潮流は「フェミニスト現象学」と称されている（cf. 稲原ほか 2020；稲原ほか 2023）。その一方で、サラ・アーメッドは、『クィア現象学 *Queer Phenomenology*』（2006）において、フッ

サールやメルロ＝ポンティの志向性に関する理論やハイデガーの世界内存在を、クィアの観点から読み解き、ヘンリー・ルービン『セルフ・メイド・メン Self-Made Men』（2003）やゲイル・サラモン『身体を引き受ける』（2010）は、メルロ＝ポンティやサルトルの理論を通じて、身体を介したトランスジェンダーのアイデンティティやセクシュアリティの経験に関する研究を展開してきた。[10] さらに、エフライム・ダス・ヤンセンは、『フェノメナル・ジェンダー Phenomenal Gender』（2017）において、ハイデガーの理論を積極的に援用したトランスジェンダー研究を練り上げ、藤高和輝は、ボーヴォワールの理論からある種のトランスジェンダーの経験を論じている（cf. 藤高 2019）。

このように、近年のクィア研究やトランスジェンダー研究においては、二〇世紀のヨーロッパで活躍した現象学者たちの理論が積極的に参照されている。[11] しかしながら、この流れの中で、同時期に現象学者として活躍したレヴィナスの存在はほとんど不可視化されてしまっている。[12] 先述のように、彼のセクシュアリティ論が活発に論じられる国際的な研究の流れがあるにもかかわらず、であ

（10）なお、本書は、これらの著作がフェミニズム研究には属さないものであると示すことを意図していない。むしろ、これらの著作はある種のフェミニズムの観点に明確に動機づけられている（ex. Ahmed 2006：4-5）。あくまでも本書は、ここで、これらの研究がフェミニズム研究にのみ還元されない研究背景をもつことを強調することを意図している。

（11）なお、サラモンはモーリス・ナタンソンのような英語圏の現象学者の知見にも積極的にあたっている（Salamon 2010：144-145/90）。

（12）ここに参照した著作では Ahmed（2006：200-201）における言及のみである。加えて、このアーメッドの言及もレヴィナスの「顔」の議論であって、彼のセクシュアリティ論ではない。

る。確かに、彼のセクシュアリティ論は異性愛者のシスジェンダー男性をモデルとしているため、その点でハードルがあることは明らかだが、それはフッサールやハイデガー、メルロ＝ポンティのような他の現象学者にも当てはまることであり、その点からレヴィナスのみを除外する理由にはならない。であるとすれば、他の現象学者たちのクィア研究やトランスジェンダー研究における理論研究がそうであるように、レヴィナスがシスジェンダーの異性愛者男性をモデルに理論を形成していることを批判的に捉えつつ、彼の理論がクィアな人々の経験に開かれる接点を探ることが必要となるだろう。近年のクィア研究やトランスジェンダー研究が現象学を参照する潮流を補うためにも、レヴィナスのテクストをクィアの観点から読解することが求められるのだ。

もうひとつ、レヴィナスのテクストそのものが、「クィア」なものであるという点について見てゆく。ここで、本書において「クィアネス」という観点がどのように位置づけられるのか、レヴィナスのテクストも参照しつつ、その文脈について触れておきたい。英語の queer の語源が「中心から外れた」を意味するように、「クィア」とは一般的に規範とされるものからの「逸脱」を含意する。同性愛者やトランスジェンダーのようなクィアな人々の存在は、異性愛中心主義やシスジェンダー中心主義からの「逸脱」を通じて浮き彫りにされるのだ[13]。本書においても、レヴィナスの思想のある側面を「クィア」と見なすときには第一に、彼の思想が規範的、典型的なジェンダー、セクシュアリティ観から「逸脱」している点においてそのように見なしている。

例えば、そのような「逸脱」はレヴィナスの思想の展開そのものから垣間見ることができる。本書が全体を通じて証明するように、レヴィナスがセクシュアリティを論じる仕方には〈ストレート〉な方向性から「逸脱」する面がある。彼は初期から晩年まで絶えず家父長的な生殖を特権化するセクシュアリティ論を展開するが、他方で、彼には、その理論の体系性が瓦解するような口唇や内臓への愛撫という口唇的セクシュアリティへの異様な執着がある。彼のテクストには、生殖を主題としながら、それとは直接的に結びつかないセクシュアリティを絶えず記述しているという逸れが存在している。そこにおいて、彼の理論は、〈ストレート〉に体系化されることをつねに拒むような側面を内包したクィアなものとなる。そしてこの点で、レオ・ベルサーニがフロイトの理論を次のように捉えた仕方を、本書はレヴィナスの理論のうちに見出す。

フロイトのテクストは、次の意味で「美学化（estheticized）」されるものである。それは、私たちがこれから論じる他の芸術作品たちと同じように、フロイトのテクストが、そのテクスト自体が希求している形式化と組織化＝体系化（structuralizing）を問題に付すという意味で。言い換えれば、フロイトのテクストは、これから見てゆくように、無意識的な欲望やセクシュアリ

(13) 確かに、「クィア」という語が「「ゲイ」あるいは「レズビアン」の歪曲表現」（Stryker 2004：244）に留まってしまう場合は存在するのだが、本書ではジェンダークィアのような仕方で、規範的なセクシュアル・オリエンテーションだけではなく、規範的なジェンダー・アイデンティティから逸脱する人々をも「クィアな人々」と見なす立場を取る。

ティのメカニズムについての思弁が、そのような形式化と組織化＝体系化の希求を必ずしも攪乱するものではないということを自らと——私たちに——説得するための諸々の戦略を生み出すことを惜しまないが、〔それにもかかわらず〕彼のテクストはそれらの戦略を覆すものなのだ。

（FrB：5）

レヴィナスのセクシュアリティ論も、彼の家父長的な生殖を特権化する異性愛・シスジェンダー中心主義に基づいて「形式化」あるいは「組織化＝体系化」される「希求」を常にもっている。しかし、彼のテクストそれ自体は、その〈ストレートな〉希求を覆す側面を様々な仕方で内包している。『存在の彼方へ』のレヴィナスに倣って、「西欧の哲学的言説」が「中断された言説」を「整合的で単一の言説」（AE：383/262）として示す（ある種の「形式化」あるいは「組織化＝体系化」する「希求」）ものだとすれば、本書が浮き彫りにする彼の理論は、哲学というよりも、ベルサーニがいうところの、「美学」ということになるだろう。そしてこのような「美学」の一端は、〈文学者〉レヴィナスが残した痕跡にあり、本書はその痕跡を一つの起点として論を展開する。レヴィナスのセクシュアリティ論は、ある種の体系性を志向する〈ストレートな〉観点から「逸脱」するエクリチュールを指し示すという意味で「クィア」なものなのだ。

しかし他方で、本書は「逸脱」という何かからの「差異」によって特徴づけられるのとは異なったクィアネスにも同時に着目する。それは、「差異」とは異なった〈同質性〉としてのクィアネスである。ベルサーニが『ホモズ』(1995)において、異性愛規範からの逸脱ではなく、自己と他者の境界が曖昧になる「同じさ(sameness)」からゲイネスを論じたように、クィア理論において、〈同質性〉は一つのトピックとなってきた[14]。近年では、ベン・ニコルズが『セイム・オールド *Same Old*』(2020)において、規範からの差異がとりわけ注目されてきたクィア理論の流れに抵抗しつつ、同性愛のありようを「同じさ」の観点から詳細に論じている。この〈同質性〉の視座において重要な事柄の一つは、「差異」とは異なった仕方でクィアネスを論じることにより、自己とその外部とが肯定的に交わる可能性をクィアな人々の経験からあらわにすることにある。クィアな人々が肯定的に他者や社会と関わる構造を捉える上で、この概念は有用なものである[15]。本書では、このような〈同質性〉としてのクィアネスを、中期から後期のレヴィナスのテクストのうちに見出すことを試みる。さらに、本書では、一般的に同性愛から論じられることの多い〈同質性〉としてのクィアネスのありようを、トランスジェンダーの関係性のうちにも認めることで、ベルサーニやニコルズらの既存の研究においては捉え切れていない論点を引き出すことになるだろう[16]。

(14) 本書は、この〈同質性〉の観点を強調する点において、自他の「差異」から特徴づけられるジュディス・バトラーのクィア理論とは異なった側面を探求する。ベルサーニとバトラーのクィア理論における差異についてはTuhkanen (2020:79-116) を参照。

(15) このような肯定性は、クィアネスに否定性を一義的に付与するクィア理論における「アンチソーシャル的転回」(cf. Halberstam 2008) とは異なった議論を可能にするだろう。

このような〈同質性〉としてのクィアネスは、レヴィナスのテクストに散見される。例えば、レヴィナスは、初期の小説「エロス」の草稿から、後期の主著『存在の彼方へ』に至るまで、セクシュアリティを「皮膚」という非性器中心主義的な身体性から論じ続けている（cf. OE3 : 53/51 ; AE : 415/19）。この「皮膚」概念のうちには、性器の差異を曖昧にする、クィアな人々が生きうる〈同質性〉の観点が垣間見られる。このような概念からセクシュアリティを論じることは、トランスジェンダーのような、出生時に割り当てられた性別に基づく形態学的身体から逸脱する生／性を生きる人々の経験を捉える手掛かりとなりうるだけではなく、そのような人々が生きうる性器の「差異」とは異なった仕方でのセクシュアリティを示唆することにも繋がるだろう。

まとめよう。本書は、第一に、近年のクィア研究、トランスジェンダー研究の現象学受容におけるレヴィナス読解の必要性を示し、第二に、彼のテクストや彼が扱う主題そのもののクィアさに基づいて、彼のセクシュアリティ論のクィア・リーディングを行う。外在研究としても、内在研究としてもレヴィナス思想をクィアに読み解く必然性は存在するのだ。

「セクシュアリティ論」という枠組み

『全体性と無限』第四部Bが「エロスの現象学」と題されるように、レヴィナスのセクシュアリティ論は従来「エロス論」と呼ばれてきた（ex. 渡名喜 2021 ; 高野 2022）。では、なぜ本書は、「エロス論」ではなく、〈セクシュアリティ論〉という枠組みを採用するのだろうか。

その大きな理由は、「エロス」ではなく「セクシュアリティ」という言葉を用いることで、特に国内の研究ではそれまで全くと言ってよいほど行われてこなかった、レヴィナス思想をジェンダー、セクシュアリティ研究（特に本書では、クィア研究とトランスジェンダー研究）に接続する試みを行うためである。

加えて、レヴィナスの術語の用法としても「エロス」と「セクシュアリティ」は実際のところ互換的に用いられている。まず、一九四〇年代前半の捕囚手帳でレヴィナスは、セクシュアリティ（sexualité）やセクシュアルなもの（sexuel）を主題的に扱っている（cf. Œ1 : 79/66）[17]。その後、一九四八年の『時間と他なるもの』において、セクシュアリティとエロスが互換的に論じられる（cf. TA : 297/88）[18]。この傾向は一九六一年の『全体性と無限』にも見られ（cf. TI : 498-499/309）、晩年にあたる一九八二年のインタビューでも、『時間と他なるもの』と『全体性と無限』が回顧されつつ、エロスとセクシュアリティが連続的に議論されている（cf. EN : 161/131-132）。このように、レヴィナスに

（16）ただし、ベルサーニは『レセプティヴ・ボディズ *Receptive Bodies*』（2018）においてトランスジェンダーの関係性から同質性を論じようと試みており（cf. RB : 64-74）、本書はこの彼の試みをさらに展開するものとしても位置付けられる。
（17）この点に関してはベンスーサン（2014 : 218）をも参照。
（18）この点は一九五〇年の「教え」（Œ2 : 196/191-192）や一九五九年の「可能事の彼方」（Œ2 : 322/311）にも見られる。

おいて「セクシュアリティ」という概念は、「エロス」という概念と同じだけの意味をなしている。それらを踏まえ、本書では、レヴィナスの〈セクシュアリティ論〉という主題を打ち出している。

本書の構成

本書は三つの部からなり、それぞれ、一九四〇年代から一九五〇年代までの初期レヴィナス、一九六一年の『全体性と無限』を軸とする中期レヴィナス、『全体性と無限』以降の後期レヴィナスにおけるセクシュアリティ論を主に読解する。第Ⅰ部では、既存のレヴィナス研究の問題点を指摘しつつ（第一章）、レヴィナスの理論の規範性とクィアな読解可能性を同時に浮き彫りにする本書の議論のアウトラインを、彼の初期テクストの分析から素描する（第二章）。第Ⅱ部では、『全体性と無限』の主に繁殖性概念を取り上げ、その概念が家父長的な生殖を特権化する異性愛・シスジェンダー中心主義的、かつ健常主義的な観点から展開され、クィアな人々の存在や経験を排除していることを明らかにする（第三章、第四章）。第Ⅲ部では、このような規範性から逸脱するクィアな読解可能性を、後期レヴィナスの老化論（第五章）と愛撫論（第六章）を紐解くことで提示し、そこに〈同質性〉を通じたクィアなセクシュアリティの構造を見出す。そして、最終章では、この〈同質性〉の観点が後期だけではなく中期のレヴィナス思想にも通底するものであることを論じつつ、『全体性と無限』第四部のセクシュアリティ論をクィアな自己変容論として読み直すことを試みる。

第Ⅰ部　レヴィナスをクィアに位置づける——初期レヴィナスを通じて

本部では、レヴィナスのセクシュアリティ論が含む規範性と、にもかかわらず現れる彼のテクストのクィアな読解可能性を、その初期思想から明らかにし、それにより、本書が全体を通じて行う彼の理論へのクィア・リーディングの見取り図を示す。初期レヴィナスのセクシュアリティ論は、クィアな人々の存在を不可視化しつつも、そのような観点から逸れてしまうセクシュアリティの構造を幾重にも論じている。

第一章では、レヴィナスの「女性的なもの（le féminin）」概念をめぐる従来の研究における解釈の問題を取り上げつつ、それらの問題を解消するものとして本書の試みを位置づける。続く第二章では、そうした試みのアウトラインを示すために、初期レヴィナスのテクストが、クィアな人々の存在を抹消していることを指摘すると同時に、そのテクストのうちに規範性を逸脱するクィアネスが潜在していることを明らかにする。

第一章　「女性的なもの」の概念解釈をめぐって――レヴィナス研究の諸問題

本章では、既存のレヴィナス研究における「女性的なもの」の概念解釈が、セクシュアリティに関する様々な問題を含んでいることを指摘し、本書が行うレヴィナス思想におけるセクシュアリティ論へのクィア・リーディングの必要性を示す。第一節では、彼の「女性的なもの」概念の変遷を辿ることで、その概念に向けられた批判の内実を捉える。続く、第二節では、既存のレヴィナス研究による「女性的なもの」の概念解釈が引き起こす、セクシュアリティに関する諸問題を論じる。「女性的なもの」概念は、レヴィナスのセクシュアリティ論の主題として取り上げられることが多いが、そこにはある種の規範性が含まれているのだ。

1　「女性的なもの」概念について

序文で指摘したように、レヴィナスのセクシュアリティ論にはかつてボーヴォワールやイリガライが批判的に応答していた。そこで彼女たちが批判の一つに挙げるのが、レヴィナスが論じる「女性的なもの」という概念である。このような彼女たちの批判を理解するためにも、まずは彼がこの概念をどのように用いているのかを概観したい。

「女性的なもの」概念は、一九四〇年代の捕囚手帳とその記述を一つのベースとする一九四七年の『実存から実存者へ』で萌芽的に展開され（cf. CE1 : 90-91/76 ; EE : 179/145）、一九四八年の『時間と他なるもの』で本格的に主題化されることになる（cf. TA : 286-294/77-84）。そこでは、「女性的なもの」は、「比類なき他者」と見なされ（EE : 179/145）、その他者性は「恥じらい」というある種の受動性から特徴づけられている（cf. TA : 289/79）。初期レヴィナスにおいて「女性的なもの」は、主体ではなく「他者」であり、そのありようはある種の受動性から論じられていた。明らかにここには、男性＝主体＝能動性との対比から女性の存在が語られるステレオタイプが見られる。

続く一九六一年の『全体性と無限』では、他者性そのものは発話経験のような別の形でも論じられるものの、依然として「女性的なもの」は他者と見なされている。同著の「女性的なもの」概念の記述は、大きく分けて次の二つの仕方でなされる。

第一に、『全体性と無限』第二部D「住居」で論じられる「住むことの条件」としての女性性である。同著によれば、「女性とは、集約の、「家」の内奥性の、住むことの条件」であり、「親しみやすさに属する君、すなわち、教えを欠いた言語、沈黙した言語、言葉なしの合意、秘密を通した表出」である（TI : 275/166、強調原典）。確かにレヴィナスは、「住居のうちに「女性という性（sexe féminin）」をそなえた人間存在が経験的に不在だからといって、住居の迎え入れそのものとしての女性性の次元がそこに開かれたままであることには、何ら変わりない」（TI：278/169）と断っているが、少なくとも言語を介在させない閉じた住居の親密性を象徴する存在として、彼が女性性を扱っていることは事実である。[1]『全体性と無限』において女性のありようは、家の親密性、しかも非言語的な親密性に還元されている。

　第二に、同著の第四部B「エロスの現象学」において展開される、セクシュアリティの水準での「女性的なもの」である。そこで、「愛される者（Aimé）」は、一義的に「愛する男（amant）」にとっての「愛される女（Aimée）」と見なされ、その女性性は、初期と同じく「極度の弱さや傷つきやすさ」（TI：459/286）というある種の受動性から特徴づけられている。ここには、女性を受動的な存在＝他者と捉え、男性を能動的な存在＝主体として措定する初期の議論が引き継がれているといえる。加えて、次の記述に代表されるように、セクシュアリティを生きる女性は、その人間性や主体性を喪失した存在として語られる。

> 「愛される女性」は、私の意志と闘争する意志や、私の意志に服従した意志として私と対立するのではなく、反対に、本当の発話を語らない無責任な動物性として私と対立する。責任を欠く幼児期の地位に戻った愛される女、あの媚びた表情、あの若さ、「少し愚かな＝動物的な（bête）」あの純粋な生は、人格の身分を離れてしまっている。（TI：473/295）

レヴィナスは、女性を、受動的な存在として他者化するだけではなく、言語能力や責任能力を欠いた不完全な存在（「幼児」、「動物」）として論じるのだ（彼がここで、幼児や動物をも蔑視していることはいうまでもない）。こうした彼の記述を比喩として正当化することも可能かもしれない。しかし、たとえ比喩であったとしても女性から人間性や主体性を奪う言説が擁護されることは困難だろう。

以上のように、『全体性と無限』において「女性的なもの」概念は、「住むこと」と「セクシュアリティ」の二重の次元で受動的な存在として他者化されるだけではなく、言語能力や責任能力を欠いた存在としてその人間性や主体性をも奪われている。初期の議論以上に、中期において女性から主体性を奪うステレオタイプ的な観点は徹底されている。そして、レヴィナスのこのような態度は、一九八二年のインタビューでも「女性的なもの」は「本質的な他者」だと述べられることで晩年まで保持されることになる（cf. EI：80/58）[2]。

以上のようなレヴィナスの「女性的なもの」概念に対して、序文で述べたように、ボーヴォワールがその男性中心主義を批判している。そして、『性的差異のエチカ』においてイリガライも、『全体性と無限』のセクシュアリティ論を取り上げつつ、レヴィナスの記述において女性が「愛される

（1）この点に関しては一九六〇年の「ユダヤ教と女性的なもの」をも参照（cf. DL：42/52）。
（2）なお、後期に新たに提示される「母性」概念の問題に関しては第Ⅲ部の冒頭で論じる。

女」という仕方で受動的に「他者化」されていることを問題視する（cf. Irigaray 1984：296/130）。また、これに続いて、イリガライは、「エマニュエル・レヴィナスへの質問」（1991）においても、レヴィナスの「女性的なもの」概念が、「それ自身との関係ではなく、男性の観点から理解されている」と批判的に指摘している（Irigaray 1990=1991：76/109）。このような彼女たちの批判は、先に見てきた「女性的なもの」概念の展開に鑑みたとき、極めて妥当な批判だと言えるだろう。

では、このような問題含みのレヴィナスの「女性的なもの」概念を、既存のレヴィナス研究はどのように扱ってきたのだろうか。この点を明らかにすることで、本書がレヴィナス研究として取り組むべき問題を明らかにしたい。

2 「女性的なもの」の概念解釈においてあらわになるもの

本節では、レヴィナスの「女性的なもの」概念に対する、主に国内の研究の解釈を三つの観点から取り上げる。そして、その結果として見えてくる問題を解消する議論として本書のレヴィナス論が位置づけられることを示す。

まず、ボーヴォワールやイリガライの批判を受けて、あるいはその批判を念頭において、「女性的なもの」概念をセクシュアルな文脈から切り離す試みがなされている。それは、「女性的なもの」概念をある種の〈存在論的概念〉として解釈する試みである。以下では、それらの解釈を概観するとともに、それらが含む問題を指摘したい。

内田は、レヴィナスにおける「女性的なもの」概念を、ユダヤ教神秘主義の議論を参照しつつ、「光から身を隠す慎み深さ」という「存在論的機能」と見なし、「経験的な性別とは別の次元」であると論じる（内田 2001=2011：234-235）。次に村上は、「女性的なもの」概念を「言葉と行為能力との手前の水準の人間存在のありかた」（村上 2023：61）と解釈し、緩和ケアの事例分析に用いる（cf. 村上 2023：65-68）。そして、中真生はこの概念を「存在論的な事態」（中 2015：56）と呼び、渡名喜は「寝床」のような空間性を意味する「存在論的様態」だと語っている（渡名喜 2021：425-426）。

これらの研究は、「女性的なもの」概念が含むセクシュアリティの問題を、その概念をセクシュアリティ論の文脈から存在論の文脈に移すことで回避し、別の解釈を提示する試みを行ってきた。こうした解釈に基づくのなら、レヴィナスが「女性的なもの」概念を通じて論じている事柄は、現実の女性のありようではなく、一般的に適応可能な「存在」を言い表すものとなる。しかし、ボーヴォワールやイリガライが指摘する「女性的なもの」概念の規範性を引き受けることなくこの概念を論じることは、その規範性を看過することにも繋がるのではないだろうか。すなわち、「女性的なもの」概念をある種の普遍的な〈存在論的概念〉と見なすことは、ボーヴォワールやイリガライの批判を回避できたとしても、レヴィナスのテクストが含む男性中心主義のような問題をそのまま温存する理論を形成してしまうのではないか（言い換えれば、その規範性を「存在論」として普遍化することに繋がってしまうのではないか）。「女性的なもの」概念における男＝能動、女＝受動という非対称性を一般的に適応可能な存在論として持ち出すことは、レヴィナスが持っている性差別的な観点をあたかも普遍的なものであるかのように扱うことに繋がりうる。

例えば、モニック・ウィティッグが「ストレートな思考」(1980)や「社会契約について」(1989)で明らかにしたのは、精神分析や文化人類学、哲学の理論そのものに、異性愛中心主義的な観点が内在しているということだった(cf. Wittig 1992)。先の「女性的なもの」の概念解釈のうちにも、このような規範性が現れているのではないだろうか。実際、内田がレヴィナスにおける女性性を「受動性を糧とする主体性」のコンタクト」を「言語以前の水準」(内田 2001=2011:341)と呼び、村上がレヴィナスにおける「女性的存在とのコンタクト」を「言語以前の水準」に置くとき(村上 2023:187)、彼らの理論には、普遍的な存在論ではなく、女性の性役割を私的領域に限定する既存の文化や社会の規範性の反復が垣間見られる。そして、女性性を男性性と対照的なものと見なすこのような理論[3]は、ある種の男性的なジェンダーを表現するレズビアンであるブッチといった男女二元論に留まらないクィアな人々の存在を不可視化させてしまう。

加えて、レヴィナスのセクシュアリティ論を脱性化する解釈は、レヴィナスのテクストそのものに向けられた脱性化への批判に応答できない。例えば、エヴァ・ジアレクは、「エマニュエル・レヴィナスの倫理的情念」(2001)において、後期レヴィナスが身体性に基づいて展開する倫理をフェミニズムの観点から高く評価しつつも、その理論は、「女性的なもの」とのセクシュアルな関係を倫理の水準から切り離すという仕方で、「セクシュアリティの格下げ」を行っていると批判する

（Ziarek 2001：92）。実際、彼は後期の主著『存在の彼方へ』において、中期まで彼の理論の一つの軸となっていた「女性的なもの」概念に一切言及しなくなるだけではなく、「快楽は他者に対する責任から分離」されているとセクシュアリティを否定的に扱っている（AE：393/271）。レヴィナス自身の否定と同様、セクシュアリティ論を存在論として脱性化する議論もまた、セクシュアリティの問題を周縁化するという意味で、まさに「セクシュアリティの格下げ」を生じさせている。このジアレクの批判に応答するためにも、彼の理論を脱性化しない解釈が求められる。

他方で、レヴィナスの「女性的なもの」概念の規範性を引き受ける研究も存在する。例えば、熊野純彦は、イリガライのレヴィナス批判を参照しつつ、セクシュアルな関係性において女性に対して一義的に受動性を割り振るレヴィナスの記述に疑問を投げかけている（cf. 熊野 1999b：231）。しかし、規範性を指摘しながらも、熊野の議論は、後期の死者との関係性の構造に移ってしまう。つまり、彼自身の言葉を借りれば、「性愛を通路として普遍的なことの消息」、「他者の「顔」」の検討に横滑りし（熊野 1999b：234）、結果としてレヴィナスのセクシュアリティ論の可能性そのものは提示されることがない(4)。熊野の議論の展開もまた、「性愛」と「普遍的なこと」を切り分けること

（3）事実、内田も村上もレヴィナスにおけるある種の男性性概念との対比で彼らの「女性的なもの」概念解釈を展開している（cf. 内田 2001=2011：341；村上 2023：186-187）。

（4）熊野は同様の議論を熊野（1999a）でも展開している。

により、セクシュアリティという問題を周縁化させてしまっている。

このような問題は他の研究にも見受けられるものである。例えば、サンドフォードは、レヴィナスの「女性的なもの」概念を批判的かつ詳細に分析しつつ、「レヴィナスの女性的なものについての議論は、今日のフェミニズムに何ももたらさない」（Sandford 2000：139）と断定的に結論付ける。(5) 確かに「女性的なもの」概念は規範性を伴っているが、しかしその意義を否定的に断じてしまうことは、レヴィナスがセクシュアリティに関して練り上げた理論の可能性を取り逃してしまうことになるだろう。(6) サンドフォードの主張に適応するのなら、レヴィナスにおけるセクシュアリティという主題は些末なものとなり、積極的な意味を失ってしまう。

これらの研究は、レヴィナスのテクストにおける規範性を指摘するに留まり、彼が主題としたセクシュアリティという現象を周縁化してしまい、その可能性を引き出せていない点で問題があるといえる。対して本書は、規範性を引き受けてもなおあらわになる、彼のテクストのクィアな読解可能性を示すことになるだろう。

最後に、レヴィナスのセクシュアリティ論を脱性化することなく積極的に引き受け、その可能性を引き出した例を取り上げたい。これらの研究は、レヴィナスのテクストがセクシュアリティという主題に深くコミットしている事実を明らかにし、この主題を周縁化しない点で重要であるが、一方でその解釈はクィアな人々の存在をある面で抹消してしまう恐れを有している。

第一に、デリダは、『エクリチュールと差異』（1967）に収録されたレヴィナス論「暴力と形而上学」(1964)の註で、次のように『全体性と無限』のセクシュアリティ論を解釈している。

『全体性と無限』は非対称性の尊重を推し進めており、それは、この書物が女性によって書かれたなどということは不可能、それも本質からして不可能であるように思えるほどに推し進められている。そこでの哲学的主体は男性なのだ(l'homme [vir])。[…] 一冊の書物が女性によって書かれることがなかったというこの原理的な不可能性は、形而上学的エクリチュールの歴史においても類例のないことではないだろうか。(Derrida 1967 : 307/228)

このようにデリダは、レヴィナスが、男性を主体としたエクリチュールを展開していることを「類例のない」固有の事柄として捉えようとしている。そして、このデリダの解釈を参照しつつ、横田祐美子は、レヴィナスが「男性の有徴化をそのエクリチュールにおいて実践している」と評価し、「レヴィナス哲学はそのエクリチュールにおける主体の男性性に自覚的であり、一種の男性学や性的差異に関する議論へと開かれていく可能性を有している」と論じている(横田 2022 : 264)。

(5) 同様の議論は合田(1999=2011 : 208-220)や Brody(2001)等にも見られる。
(6) 本章で扱ったレヴィナスの「女性的なもの」概念に関しては、本書は基本的に批判的な解釈の立場を取るが、例えば、カレール・エリーズ・カッツは、その規範性を引き受けた上で、聖書の『ルツ記』解釈からその概念の拡張的な可能性を論じている(cf. Katz 2001)。

また内田も、レヴィナスの異性愛者男性の観点を、彼が意図的に採用し、引き受けているものとして肯定的に解釈している（cf. 内田 2022：392-393）[7]。

加えて、本章で主題としている「女性的なもの」概念に関しても、カトリーヌ・マラブーは、「「女性的なもの」を措定することで、第一に、レヴィナスは、ハイデガーの現存在を「脱中立化（déneutraliser）」することが可能となった」と記している（Malabou 2012：237、強調原典）。つまり、マラブーは、レヴィナスの「女性的なもの」概念が、現存在を脱性化しない点を支持しているのだ。これらの言説において、レヴィナスがある種の男性性／女性性の観点を意図的に引き受けていることは、哲学理論を脱性化せず、セクシュアリティの問題を「格下げ」しないものとして評価されている。

しかし、ここで既存の研究が着目するレヴィナスの男性性／女性性の観点は、ある面でクィアな人々の存在を抹消する理論的帰結を引き起こしてしまっている。というのも、それらが前提としている観点は、あくまでも男女二元論的で、シスジェンダー中心主義に基づいたものだからだ。

まず、横田は、「レヴィナスのエクリチュールは、〔その主体の男性性に自覚的であるという〕このような仕方で、あらゆる存在が中性や無性ではなく、性的存在であることを示そうとしていた」と論じ、レヴィナスの記述が脱性化とは正反対のものであることを強調する（横田 2022：264、強調引用者）。さらに、渡名喜も、レヴィナスが、ハイデガーの「現存在」概念の中立性に抗して「「有性」の存在への着目」を行っていることを指摘しつつ、彼の理論における「「性」に関しては「無性」

の立場がない」という仮説を提示している（渡名喜 2021：440、強調引用者）。

　以上のレヴィナス解釈は、彼の議論を脱性化しない適切な主張に見える。しかし、横田や渡名喜が性化や有性性の対立概念として使用する「中性」や「無性」という言葉は、たとえ両者がそうした意図を持たないとしても、[8]男女二元論に当てはまることのないノンバイナリーやジェンダークィアのようなクィアな人々によって現に名乗られている「中性」や「無性」という言葉の生きられた意味を剝奪する結果を招く恐れがある。[9]「中性」や「無性」は、性が不在であることではなく、性が男女二元論に留まることなく生きられる仕方を意味しているからだ。

　これらの研究が、ジェンダーの文脈で不用意に「中性」や「無性」を否定的な意味で用いるのは、レヴィナスの記述を、暗黙のうちに男女二元論に基づくシスジェンダーの観点から捉えてしまっているからだろう。[10]これらの研究は、セクシュアリティの問題そのものは周縁化していないが、トランスジェンダーのような人々によって生きられるクィアなセクシュアリティの存在をかき消すレ

（7）同様の解釈として Ziarek（2001：94）をも参照。
（8）例えば、横田が「中性」や「無性」という言葉で念頭に置いているのは、「人間（homme）」という中立的な言葉が「男性」という観点を含意するという問題である（cf. 横田 2022：161）。
（9）確かに渡名喜は、レヴィナスは「無性」の立場を取らないという自身のレヴィナス解釈の補足として、「これに対し、レヴィナスは「性」のありかたを二つしか考えていないと批判することはもちろん可能だ」（渡名喜 2021：440）と述べている。本書はある面ではその批判を行うものだが、しかし他方で、本書は、レヴィナスのテクストそのもののうちに男女二元論的ではない「性」のありかたを見出すことをも試みる。

ヴィナス解釈を行ってしまっているのだ。既存の社会においても男であるか女であるかを前提に議論が進むことが大半であるために、男女どちらかに帰属できないジェンダーを生きるトランスジェンダーの人々が見えないものにされるのと同様に、理論においても男女二元論を前提とすることは、これらの人々の存在を不可視化させてしまう危うさがある。(11)

以上のように、これまでのレヴィナス研究は、(1)レヴィナスのセクシュアリティ論を脱性化することでその理論の規範性を看過するか、(2)その規範性を認めるが彼のセクシュアリティ論そのものの可能性を打ち消してしまうか、(3)セクシュアリティ論の可能性を提示するものの、そのテクストを男女二元論やシスジェンダー中心主義のような観点から解釈することでクィアな人々の存在を抹消してしまう、といった問題を抱えてきた。こうした問題に取り組むためにも、レヴィナスのセクシュアリティ論が含んでしまっている規範性を彼のテクストに沿って明らかにするとともに、その規範性の向こうにクィアな人々の存在や経験を消し去ることのない彼のテクストの可能性を提示する本書の試みが求められる。そこで、次章では、彼の初期テクストの読解を通して、この二つの目的を論じることが可能なことを証明し、本書のアウトラインを素描したい。

（10）レヴィナスの「女性的なもの」概念の記述に関して、「男性と女性という語を入れ替えても」、「同じ現象学的成果がえられる」（サランスキ 2010＝2012：134）とするジャン＝ミシェル・サランスキと、そのサランスキ解釈から同性愛関係もレヴィナスのこの記述に含まれるとする小手川も（小手川 2015：314）、この男女の関係や同性愛関係がトランスジェンダーの人々によって生きられる可能性に関しては考慮していないと思われる。

（11）クィアな人々の存在を抹消する「女性的なもの」概念解釈の言説は、国外の研究にも見られる。まず、カトリーヌ・シャリエは、『女性的なものの転義 *Figures du Féminin*』（1982）において、「女性的なもの」概念を「他律（l'hétéronomie）の経験」を象徴するものと見なす（Chalier 1982＝2006：19）。しかし、ここで「他律」は、「自律（autonomie）」だけではなく、「同質的な時間（un temps homogène）」と対比されて論じられており（Chalier 1982＝2006：21）、そこには「ヘテロ／ホモ」という二項対立と、その二項対立の観点に基づいた同性愛の観点の暗黙の排除が含意されている。事実、シャリエが「女性的なもの」概念を具体化する際に参照するのは、異性愛のカップルに限定されている（cf. Chalier 1982＝2006：39）。あるいは、「女性的なもの」概念を、性的差異のある種の象徴として評価するデリダ（1997＝2004：68）やマラブー（Malabou 2012）のような解釈も、セクシュアリティの観点から男性性の観点を取り除いてしまうことで、前述のブッチの男性性やトランスジェンダー男性の男性性のようなクィアな人々によって生きられる男性性の観点を不可視化する危険性がある（この問題の詳細に関しては、Salamon［2010：211-232/131-144］や古怒田［2022］を参照）。

第二章　初期レヴィナスのクィアな読解——その規範性と可能性

本章では、初期レヴィナスにおけるセクシュアリティ論の規範性と、その規範性にもかかわらず浮き彫りとなる彼の理論のクィアな読解可能性を論じる。それにより、本書が行う彼の理論へのクィア・リーディングの骨組みを提示する。一見規範的に展開される初期レヴィナスのセクシュアリティ論には、ある種の逸脱が様々な形で内包されている。

そこで、第一節では、初期レヴィナスがセクシュアリティ論を展開する際に背景とする「孤独」の問題を取り上げ、この初期理論を論じるための見通しを立てる。第二節では、この「孤独」の問題に抗して彼が展開する議論が、セクシュアリティに関する規範的な観点を含み、クィアな人々の存在を抹消していることを指摘する。第三節では、このような規範的観点にもかかわらず、彼の初期テクストのうちにクィアな読み筋が存在することを、口唇的セクシュアリティとプルースト的セクシュアリティという二つの文脈から論じる。

1　孤独という問題——初期レヴィナスにおけるセクシュアリティ論の背景

本節では、初期レヴィナスがそれに抗してセクシュアリティ論を展開する、存在論的な「孤独」の問題を扱う。初期において彼は、「孤独」というセクシュアリティに無関係にも見える出来事を起点に議論を行っている。

この「孤独」の問題を論じるためにまず、公刊著作で初めてセクシュアリティが主題的に言及される、一九四七年の『実存から実存者へ』の記述を見たい。そこでは、ある種の自閉的な構造に抗してセクシュアリティが提示されている。

> エロスにおいて、超越は、根本的な仕方で考えられうる。エロスにおいて、超越は、存在にとらえられ、避けがたく自己へと回帰してゆく自我に、その回帰とは別のものをもたらし、自我をその影から解放することができる。（EE : 200/164）

「避けがたく自己へと回帰してゆく自我」の「解放」、つまり主体の何らかの自閉的な構造に抗して、「エロス」というセクシュアリティの水準を、レヴィナスは導入するのだ。自己へと自閉する構造とは別の仕方で主体のありようを語ることが、初期レヴィナスのセクシュアリティ論の一つの目的である。

続いて、この自閉的な構造がある種の「孤独」と見なされることを、翌一九四八年の『時間と他なるもの』の記述から確認したい。セクシュアリティ論が刊行著作で初めて本格的に展開されるこの著作の冒頭でレヴィナスは、「孤独」を「存在論的範疇」として明らかにすることを自身の課題の一つとして掲げている（cf. TA：233/18）。つまり、「孤独」とは主体の何らかの存在の仕方に関わる問題なのだ。

> 私たちは存在者や事物に取り囲まれており、それらと何らかの関係を結んでいる。視覚によって、触覚によって、共感によって、共同作業によって、私たちは他者と共にある。これらの関係性は他動詞的なものだ。私はある対象に触れ、ある他者を見る。しかし、私は他者であるのではない。私は完全に孤独である。したがって、私に根差した存在、私が実存するという事実、私の実存することは、絶対的に自動詞的な要素を、志向性なき、関連なき何ものかを構成している。人々の間ではすべてが交換可能だが、実存することだけは別だ。その意味では、存在すること、それは実存することによって孤立することである。（TA：236/21、強調は原典）

レヴィナスは、「私が実存するという事実」の交換不可能性から、「私は完全に孤独である」という事態を引き出している。すなわち、彼が記述する「孤独」とは、唯一の存在であるといった実存ではなく、「私が実存するという事実」が、他者によって交換不可能である、言い換えれば、代替できないという排他的な（＝自閉的な）存在論的構造を示す概念だといえる。[1]初期の彼にとって「孤独」とは、私の存在を他者が代わりに生きることができないという不可能性を意味していた。

このような「孤独」の問題に対して、初期レヴィナスは、「自己自身へと不可避的に回帰しない可能性」を、「繁殖的＝生殖的（fécond）である可能性」、「息子を有する可能性」と見なす（EE：200/165）。つまり、「孤独」の自閉的構造に抗して「息子の生殖」というセクシュアリティの水準が提示されるのだ。初期レヴィナスのセクシュアリティ論は、主体の排他的な存在論的構造としての「孤独」に抗する仕方で導入されることになる。

では、「孤独」に抗して「息子の生殖」はどのように提示されるのだろうか。また、このような仕方で導入される初期レヴィナスのセクシュアリティ論は、どのような規範性を含んでいるのだろうか。次節では、孤独の問題に抗して「息子の生殖」に至る彼の理論が、クィアな人々の存在を排除する観点を含むことを明らかにしたい。

2　初期レヴィナスにおけるセクシュアリティの規範性

本節では、主に『時間と他なるもの』の読解を通じて、「孤独」に抗して初期レヴィナスが「女

（1）この「孤独」概念の分析に関しては、渡名喜（2021：202-210）の詳細な分析を参考としている。

性的なもの」というセクシュアリティ概念を導入し、繁殖性概念へと展開してゆく論述を追うことで、その理論の問題を批判的に明らかにする。この作業から、彼の理論がセクシュアリティに関する規範的な観点を含み、クィアな人々の存在を抹消していることが明らかになるだろう。そこでまず、初期レヴィナスのセクシュアリティ論の観点が、問題として取り上げられうるものであることを示したい。

『時間と他なるもの』の「エロス」と題された節――レヴィナスが刊行著作で初めてセクシュアリティをまとまった仕方で論じる節において、彼は性的差異を起点にセクシュアリティを論じる(cf. TA：286-288/77-78)。性的差異とは彼にとって、それに先立って存在する一つの全体を前提とするような「相補的な二項の二元性」とは異なった、「諸存在の乗り越え不可能な二元性」(TA：287-288/78)を意味する。同時に、彼は、この性的差異を、「愛撫」という身体を介した関係性から具体化している(cf. TA：292-293/82-83)。

一見すると、このような性的差異の記述は、何らかの俯瞰的な観点からセクシュアリティをカテゴリー分けする振る舞い(例えば、性的差異を予め異性の「男／女」の対から区分する観点)を拒み、身体経験から記述し直す中立的なものであるように見える。しかし、このような性的差異に関する議論は、「それ自体が恥じらいを介して定義された神秘としての他者の他者性」(TA：290/80)といった受動的な他者性のカテゴリーに「女性的なもの」を一方的に帰属させることで成り立っている。また、愛撫の記述も、「女性的なもの」を「常に他なるもので、常に到達不可能で、常に来るべきものであるような何か」という「他者」として特徴づけるために援用されている（TA：292/82）。このように、一見中立的に論じられる初期レヴィナスのセクシュアリティ論は、女性を一方的に他者化し、受動的な存在とする規範的な観点を含んだものであった。

こうした本書の解釈に対して、初期レヴィナスが「女性的なもの」を「光から逃れることを本義とした存在様相」（TA：289/79）や「他者性という出来事」（TA：290/80）と論じている点から、「女性的なもの」概念は、経験的ないし象徴的な女性を意味しているのではなく、何らかの現象の構造を意味していると反論されるかもしれない。つまり、「女性的なもの」とは、「存在様相」や「出来事」を言い表すためのある種の比喩であって、現実の女性を意味するものではないと。実際、前章で見たように、既存の研究においてしばしば「女性的なもの」概念は、「言葉と行為能力との手前の水準の人間存在のありかた」（村上 2023：61）や「存在論的な事態」（中 2015：56）といった、女性というセックスないしジェンダーとは切り離された存在論的なものと解釈されていた。

しかし、「女性的なもの」を他者と見なすこの仕方は、捕囚手帳における構想段階から『時間と他なるもの』に至るまで、プルーストの『失われた時を求めて』におけるアルベルチーヌやレオン・ブロワの『婚約者への手紙』における女性観といった、ある種の具体的な女性表象によって導かれたものであった（cf. CE1：86/72；CE1：179-189/151-160；TA：288/79）。アルベルチーヌとの関係が「把持不可能なものとの闘い」（CE1：86/72）と呼ばれ、レヴィナスが捕囚手帳に書き写した『婚約者への手紙』の一節で女性が「恥じらい」から論じられていたように（cf. CE1：186/157）、「ある種の自由を把持あるいは所有しようと試みる運動の挫折」（TA：291/81）や「恥じらい」（TA：290/80）から特徴づけられる初期「女性的なもの」概念と、初期レヴィナスのプルースト、ブロワ読解は連続している。(2) 加えてレヴィナスは捕囚手帳において、『失われた時を求めて』の主人公とアルベルチーヌとの間の性愛関係を記述し（CE1：172/145）、ブロワの論じる女性のセクシュアリティに関する言説を集中的に参照している（CE1：183-188/155-159）。彼がこれらの読解を通して「女性的なもの」概念を構想したことは明らかであり、それをセクシュアリティの文脈から切り離して解釈することは困難である。この概念には、セクシュアリティに関する特定の観点が含まれていると言わざるを得ない。

では、そこにはどのような問題が伴われているのか。そこで次に、この観点が、クィアな人々の存在を抹消する問題を含むことを示すために、論点を「繁殖性（fécondité）」の議論に移したい。例えば、『時間と他なるもの』においては、「女性的なもの」概念が論じられる「エロス」に続いて、「息子」概念が論じられる「繁殖性」と題された節が置かれているのだが、このような議論の展開からは、前節で見た「孤独」に抗するセクシュアリティの構造を、レヴィナスが「女性的なもの」概念を経由した繁殖性概念のうちに見出していることが窺えるだろう。(3) 実際、彼は、「自己への自我の繋縛から出発して」、「自己から自我の解放」に向かう主体の排他的な存在論的構造の転換を、「「女性的なもの」概念から初めて、息子概念に行き着く」展開において捉えている（cf. TA：296/87）。彼は、「女性的なもの」との関係性は、「息子」の生殖に繋がると考え、この生殖に至って「孤独」

の問題は解決されるとするのだ。したがって、初期「女性的なもの」概念の観点が伴う規範性の解明のためには、繁殖性概念の分析が求められる。

『時間と他なるもの』における繁殖性概念は、次のような問いから導入される。「どのように私は［…］自己へとどうしようもなく回帰する私であることなく、君のなかで私でありつづけうるのか。［…］そのようなことが可能となる方法は一つしかない。父性によってである」（TA：294/85）。「自己へとどうしようもなく回帰する私」、すなわち「孤独」という主体の排他的な存在論的構造の唯一の転換点（「方法は一つしかない」）として父性が提示される。

では、なぜ、父性なのだろうか。それは、レヴィナスにとって父性は、「私が実存するという事実」を「孤独」として一元的に自閉させることなく、息子との、繁殖＝生殖という連続しつつ差異を含んだ構造から多元的に開かれたものにするからである。すなわち、彼によれば、父性とは、「他者でありながらも、私であるような未知の者との関係」（TA：295/85）、あるいは「息子に対する

（2）本書で明らかにするように、レヴィナスのセクシュアリティ論形成においてプルースト読解は決定的な影響を与えている。また、ロドルフ・カランとシャリエはレヴィナスのブロワ読解が、彼の「女性的なもの」概念形成に与えた影響を示唆している（CE1：30/24-25）。さらに、サンドフォードは、レヴィナスがブロワについて集中的に読解していたことを示す捕囚手帳の刊行以前に、彼のセクシュアリティ論とブロワの『婚約者への手紙』における女性表象との連続性に関する批判的検討を既に行っている（cf. Sandford 2000：52-54）。

（3）なお、同様の記述は一九四九年の「権力と起源」にも見られる（cf. CE2：140/139）。また、同様の解釈は Sandford（2000：66）や Brody（2001：62）等でもなされている。

父の外部性、多元的な（pluraliste）実存すること」（TA：296/87）なのだ。父にとって息子とは、他者であると同時に、自らの存在を自分自身以上のもの（＝非排他的なもの＝多元的なもの）に変える存在、父の存在を父にのみ自閉させない「多元的な」仕方で生きさせる存在なのだといえる。実際、既存の研究においても、初期レヴィナスの繁殖性概念は、「従来の西洋哲学のうちで考えられてきた存在者の多数性とは異なる、存在することの多元性」（中 2015：63、強調は原典）や「「実存すること」を、一元的ではなく多元的に理解すること」（渡名喜 2021：230）という多元的な存在論として解釈されている[4]。

　しかし、ここでクィアな人々の存在が抹消させられている。この抹消とそれを生じさせている観点を把握するために、『時間と他なるもの』の翌年に行われた講演「発話と沈黙」に焦点を移したい。そこでレヴィナスは、「孤独」の問題を、「ひと（＝男性 homme）が独りでいるのは良くない」という『創世記』第二章第一八節における聖句から言い換えている（cf. Œ2：97/97）。そして、このような孤独は、「女性的なものの出現によって解決」されると言われる（Œ2：97/97）。なぜなら、「男性（＝ひと homme）は女性的なもののうちに自分自身の実体を認めるから」である（Œ2：97/97）。

　このようなレヴィナスの議論から、「女性的なもの」との関係が、アダムとイヴをモデルとする異性愛者でシスジェンダーの夫婦関係から引き出されていることが分かる。「ひと（＝男性 homme）が独りでいるのは良くない」と『創世記』第二章第一八節で神が語り掛ける存在はアダムであり、そのアダムの孤独を埋め合わせる存在としてイヴが生まれるのだ。同時に、この夫婦関係から男性が女性のうちに見出すとされる「自分自身の実体」は、「息子」（カインとアベル）だろう。一九五〇年の講演「教え」において、「女性的なもの」とのセクシュアルな関係性を起点として、父性、そして息子から「兄弟関係」に連なる記述がなされる一方（cf. Œ2：195-204/190-198）、一九五九年の講演「可能事の彼方」では、『時間と他なるもの』が回顧されつつ、「エロティックなもの」と「父性」は「家族という人間的驚異において調和する」と述べられる（Œ2：322/311）。アダムとイヴのシスジェンダーで異性愛の夫婦関係は、息子のみを生む家父長的な生殖に帰結するのである。繁殖性へ至る「女性的なもの」との関係は、異性愛者でシスジェンダーの夫婦間の家父長的な生殖に限定されたセクシュアリティの観点から引き出されているのだ。

以上の初期レヴィナスの視座は、セクシュアリティに関する規範性を含んでしまっている。そこで、竹村和子が、「異性愛主義（ヘテロセクシズム）」と「性差別（セクシズム）」を批判的に組み合わせて論じる「正しいセクシュアリティ」という概念を参照したい（竹村 2002=2021：39-40）。竹村によれば、「「正しいセクシュアリティ」とは、終身的な単婚《モノガミー》を前提として、社会でヘゲモニーを得ている階級を再生産する家庭内のセクシュアリティである。「正しいセクシュアリティ」は「次代再生

（4）『時間と他なるもの』の主題のひとつは時間であるが、レヴィナスは時間を「ある多元的な実存」（TA：249/34）に行き着くものとして記述しており、同書の議論は時間論だけではなく存在論にも重きが置かれている。実際、一九四九年の論文「多元論と超越」において繁殖性は「存在論的範疇」（PT：340）として記述されている。

産」を目標とするがゆえに、男の精子と女の卵子・子宮を必須の条件とする性器中心の生殖セクシュアリティを特権化する」（竹村 2002=2021：40）。

明らかに、初期レヴィナスの「女性的なもの」概念から繁殖性概念に至る論述は、この「正しいセクシュアリティ」をなぞっている。というのも、彼は、父性だけが孤独という主体の存在論的構造の唯一の転換点であると記述することで（「そのようなことが可能となる方法は一つしかない。父性によってである」）、自身が主題とした孤独の問題に対する「正しい」答えとして、異性愛者でシスジェンダーの夫婦間における家父長的な生殖、つまり、「終身的な単婚《モノガミー》を前提として、社会でヘゲモニーを得ている階級を再生産する家庭内のセクシュアリティ」を特権化する観点を導入しているからだ。

そして、こうした「正しいセクシュアリティ」は、クィアなセクシュアリティの存在を否認する作用を持つ。そこでは、「性器的セクシュアリティ」が特権化され、「生殖に導く合法的なセクシュアリティが、政治的・経済的・社会的なパートナーシップを保証しているがゆえに、それ以外のエロスの関係は、性愛の有無にかかわらず、パートナーシップとは認められないということになる」（竹村 2002=2021：7）。同性愛者たちやトランスジェンダーの人々のセクシュアリティ、あるいはポリアモリーのような、異性愛者でシスジェンダーかつモノガミーの夫婦間の生殖に加わることのできないクィアなセクシュアリティは、「正しいセクシュアリティ」をなぞる、初期レヴィナスのセクシュアリティ論から抹消されるのだ。

事実、初期レヴィナスは、ゲイ男性を排斥する記述を残している。序文で触れたように、彼は、『時間と他なるもの』刊行の約二年前にあたる一九四五年頃に書かれた捕囚手帳の中で、「男色家」を「彼らは病人に過ぎない」と断定していた（CE1：161）。加えて、哲学的なテクストの中でも彼は、「女性的なもの」とのセクシュアルな関係を「異性の関係（le rapport de sexes）」に限定しており（cf. CE2：322/311）、初期の「エロス」概念は「異質性（l'hétérogénéité）」から特徴づけられるものの（EE：199/164）、その「異質性」は、異性愛関係＝ヘテロセクシュアリティから具体化されているため、そこから同性愛は排除されているといえる。このように、初期レヴィナスのテクストには、ゲイ男性、ひいては同性愛を排他的に蔑視する同性愛嫌悪《ホモフォビア》を含んだ異性愛者の観点が存在している。

捕囚手帳に見られる同性愛者を病理化（「病人」）する言説は個人の問題であるのみならず、当時のレヴィナスをとりまく状況をも含めた社会、政治的な問題でもあった。というのも、このような言説は、ジョージ・L・モッセが指摘するような、ナチスドイツによる同性愛者へのセクシュアリティに基づく迫害と暴力を正当化するためのロジックであると同時に、ナショナリズムを異性愛というセクシュアリティから維持するものでもあったからだ（cf. モッセ 1988=1996：167-239）。モッセによれば、「自然そのものが異性愛とゲルマン民族を支えているという想定のもとで、同性愛者とユダヤ人は不自然なもの〔レヴィナスの言葉で言えば、「病」〕として排除されねばならなかった」（モッセ 1988=1996：238）[5]。初期レヴィナスの言説もまた、ある面で、ナチズムがクィアな人々を排除するロジックを反復してしまっているのである。

レヴィナスが同性愛嫌悪を含んだ記述を残したという事実と、彼が「正しいセクシュアリティ」の観点からセクシュアリティ論を展開することとは、無関係であるように見えるかもしれない。しかし、二〇一八年の杉田水脈衆議院議員（当時）によるLGBTを「彼ら彼女らは子供を作らない、つまり「生産性」がない」と見なす発言（杉田 2018：58-59）や二〇二一年の簗和生衆議院議員によるLGBTは「種の保存に背く」との旨の発言[6]が示すように、「正しいセクシュアリティ」（異性愛者かつシスジェンダーの観点から生殖［「生産性」、「種の保存」］を特権化すること）と、レヴィナスの同性愛嫌悪の記述（「病人」や「「生産性」がない」、「種の保存に背く」とセクシュアルマイノリティを蔑視すること）とは切り離しがたい面がある。

以上のような本書の批判的解釈に対して、『時間と他なるもの』において、繁殖性が「生物学的範疇」であるだけではなく、「心理学的な意義」をも有すると見なされていること（TA：296/87）、あるいは一九四九年の「権力と起源」において、繁殖性概念に関して「生物学に訴えることが問題なのではない」と論じられていることから（CE2：141/140）、繁殖性概念は生殖の構造に限定されないとの反論がありうるかもしれない。生物学的な生殖とは別の比喩的な意味でレヴィナスは繁殖を論じているのではないかと。事実、いくつかの研究では繁殖性概念はある種の存在論的概念と解釈されていた。

しかし、ティナ・チャンターが指摘するように、「もし父性、父、息子に特定の優先順位が付与されていることに何も意味がないとしたら、なぜこれらの概念は中立的な術語ではなく、セクシュアルな術語によって表されているのだろうか」（Chanter 2001 : 16）。つまり、このような繁殖性概念を存在論と解釈する態度では、レヴィナスがなぜこれらの概念をセクシュアルな術語から論じたのかという点に答えることができない。加えて、彼の初期セクシュアリティ論の展開において、生殖のために異性愛者でシスジェンダーの男女が身体的に関わるインサーションのような生殖行為、つまり「性器的セクシュアリティ」をその構造から除外することは困難である。異性愛者でシスジェンダーの夫婦関係を前提とし、その男女間の愛撫という身体経験を介在させたうえで導き出される息子の生殖という初期レヴィナスのセクシュアリティ論において、セックス（性交渉）を除いた生殖は想定されていない。

初期レヴィナスは、セクシュアリティを、異性愛者でシスジェンダーの夫婦を主体とした家父長的な生殖に限定的に結び付けつつ、その観点を特権化し、そのような生殖に関わらない／関わることのできないクィアな存在を抹消する記述を展開している。そして、こうした規範性を含む初期レヴィナスの繁殖性概念をある種の存在論的概念として理論化する言説は、このような規範性を看過するだけではなく、レヴィナスのテクストの問題を再生産してしまう恐れがあるといえるだろう。

（5）なお、本書は、レヴィナス自身がこうした性差別の問題に加担していたかどうかではなく、彼の記述するテクストが含みうる規範性を指摘することを意図している。

（6）「LGBT「種の保存に背く」　簗議員が自民会合で発言」『東京新聞 TOKYO Web』二〇二一年五月二一日、https://www.tokyo-np.co.jp/article/105856（最終確認日：二〇二四年八月三日）。

では、初期レヴィナスのセクシュアリティ論はこのような規範性に汲み尽くされてしまうものなのだろうか。次節では、このような規範性に留まることのないクィアな読解可能性を論じたい。

3　初期レヴィナスのクィアな読解可能性
――口唇的セクシュアリティとプルースト的セクシュアリティ

本節では、初期レヴィナスのいくつかのテクストが、彼のセクシュアリティに関する規範的観点をすり抜けるクィアネスを含むことを示唆する。その可能性として、初期レヴィナスが論じる、口唇的セクシュアリティとプルースト的セクシュアリティ、この二点を扱う。初期レヴィナスのテクストは、その規範性にもかかわらず、「正しいセクシュアリティ」の観点から逸れる議論を幾重にも含んでいる。

口唇的セクシュアリティ

まず、小説「エロス」の草稿に目を向けてみたい。この草稿の一部はレヴィナスが第二次世界大戦中の捕虜収容所で書き上げたものと見なされている。ここでは、この草稿で提示される、「エロティシズムの食人的世界」という概念を取り上げたい（cf. Œ3 : 52/51）。この概念の分析から、初期レヴィナスが口唇的セクシュアリティに注目していたこと、そして、この口唇的セクシュアリティのありようが、異性間の生殖行為に還元されない多義的なセクシュアリティを含意したものであったことが明らかになるだろう。

議論の前提として、「エロティシズムの食人的世界」の記述が、初期レヴィナスの規範性をある面で反復していることを確認する必要がある。この概念は、「若い娘が長い髪をとかしている姿」に男性たちがセクシュアルに見とれるという、明らかに異性愛者男性の観点が反映された状況から導入される(cf. CE3：52/50)。ここには「女性的なもの」概念と同じく、男性を主体として女性が客体化された状況が描かれている。その点で、「エロティシズムの食人的世界」は、女性を他者化する初期レヴィナスの規範的な観点から提示されているといえる。

しかし、この「エロティシズムの食人的世界」概念の記述それ自体は、規範的観点を逸脱する面を持っている。「食人」という口唇的領域からセクシュアリティが描かれるとき、「正しいセクシュアリティ」が特権化していた「性器的セクシュアリティ」からの横滑りが生じる。その逸脱を示すためにまずは、この概念と対比される構造を概観したい。

まず「エロティシズムの食人的世界」概念は、「釘を打ちこむためのハンマー」のような「有用なもの」からなる、「道具の合目的性」の世界と対照させられる(CE3：52/50-51)。このような「〜ために」という道具連関からなる有用性の観点を、レヴィナスはさらに、「人間の解剖学的構造」における「生物学的な合目的性」という身体の機能にも広げる(CE3：53/51)。その構造は、「そこで足が走ることに役立ち、筋肉が肉体的努力に役に立つスポーツ」から例示されており(CE3：53/51)、身体を「役立つ＝〜ために」という有用性の観点から捉えるものである。このようにレヴィナスは、道具から解剖学、生物学的身体に至る合目的性を論じることで、それらの「〜ために」という有用性に位置づけられた構造を浮き彫りにする。

対して、「エロティシズムの食人的世界」において、このような有用性に結びつけられた構造は、「重量感のある塊の曖昧さ――エレメンタルな（élémental）皮膚の曖昧さ――のなかで食べるべきもののようになる」と表現される（CE3：53/51）。なぜ、レヴィナスは、「食べるべきもののようになる」と語られる口唇的セクシュアリティを、「エレメンタルな皮膚の曖昧さ」と呼ばれる身体の領域から理解しようとするのだろうか。口唇と「皮膚」からセクシュアリティが記述されるとき、どのような逸脱が生じるのだろうか。

ここで解釈の手がかりとなるのが、このありようと対比される構造が、「〜ために」という有用性に、身体を解剖学、生物学的に基づけるものであったことだ。この点からレヴィナスは、口唇的領域を通じて、それらの有用性から切り離された、「皮膚」という多義的で曖昧な身体性（「エレメンタルな皮膚の曖昧さ」）が生きられる仕方を論じていると推察できる。

そして、このような記述には、クィアな視点が含意されている。ジークムント・フロイトが『セクシュアリティ理論についての三篇』[7]（Freud 1905=1991、以下『セクシュアリティ三篇』）で指摘するように、口唇的セクシュアリティは、「生殖器」という「性的結合のために決められている身体領域から解剖学上はみ出してしまう」（Freud 1905=1991：191/53、強調は原典）ものであり、そのセクシュアルな触発の領域は、「口のとどく任意の場所の皮膚」(Freud 1905=1991：230/82、強調は引用者) あるいは「あらゆる身体部位および内臓の諸器官」(Freud 1905=1991：237/86) にまで拡張されうる。加えて、このような口唇的セクシュアリティは、「おしゃぶり」のように、性器にセクシュアリティが限定される以前から生じている (cf. Freud 1905=1991：253-254/98-100)。「皮膚」を通じてセクシュアリティが描かれるとき、そこに「正しいセクシュアリティ」に見られたような「性器的セクシュアリティ」を特権化する必然性はない。ここにおいて、異性間の生殖行為に還元されないペッティングやアナルセックスのようなクィアなセクシュアリティを、口唇的セクシュアリティは含意しうるのだ。

口唇を通じて「皮膚」が愛撫されるならば、その愛撫の対象は必ずしも性器的領域に限定される必要はないだろう。解剖学的、生物学的な有用性から切り離され、多義的な「皮膚」に拡張される「エロティシズムの食人的世界」概念は、生殖のための性器という水準に身体を限定する観点、言い換えれば初期レヴィナスのセクシュアリティ論の展開が前提とする「正しいセクシュアリティ」から、記述の構造上逸脱する。

ところで、このような口唇的セクシュアリティの観点は、初期レヴィナスにおいて断続的に提示されていた。そこでこの点を、「エロス」と同時期に捕虜収容所で構想された『実存から実存者へ』における次の愛撫の記述を読解することで示したい。

(7) 通常『性理論についての三篇』と訳されるが、本書では文脈を考慮して改訳している。

愛は、根本的で、消し去ることのできない飢えによって特徴付けられる。［…］愛される存在に直面して抱く困惑は、経済的な用語で所有といわれる事態に先立っているだけではなく、所有そのもののうちでも再発見される。愛撫の混乱のうちには、アクセスが不可能なこと、暴力が挫折していること、所有が拒まれてあることの告白がある。そしてまた、キスや噛みつきのうちには、「食べること」の模擬行為という悲劇的な滑稽さがある。（EE：87-88/66）

この愛撫の記述は、『実存から実存者へ』の「世界」と題された章で、「世界を超えた」ものとして提示される（cf. EE：87/66）。そのため、同著で愛撫と対比される「世界」の構造をまずは概観する必要がある。同著においてレヴィナスはどのように「世界」を語るのだろうか。

『実存から実存者へ』においてレヴィナスは、「世界」との関わりを、「生きるために食べる」ことではなく、「お腹が空くから食べる」といった、「含むところのない率直な意欲」や「真摯さ」と呼ばれる「欲望」において論じる（cf. EE：76-77/56-57）。初期の彼にとって「世界」との関わりは、純粋で真っすぐな関係性である。しかし彼はなぜ、私たちは「世界」に反発したり、そこから身を引いたりすることがあるにもかかわらず、その関わりをこのような「真摯さ」から特徴づけるのか。

初期レヴィナスの「世界」に関する議論の背景には、ハイデガーの『存在と時間』（1927）における、「～ために」という存在への気遣いに連なる世界内存在の道具連関を、「死なないために食べ、飲み、暖まらなければならない」といった（EE：90/68、強調引用者）、「存在論的合目的性」として批判し、別の仕方で世界との関わりを提示しようとする意図がある（cf. EE：86-87/64-65）。その裏には明らかに、戦争の只中でこの『実存から実存者へ』が書かれたという背景、つまり、あらゆるものが戦争のために動員される合目的な世界観があったといってよいだろう。実際、レヴィナスは同著において「欲望の対象の背後に、世界を曇らせる将来の合目的性の影が輪郭を現わすのは、悲惨と剥奪の時代である」と記している（EE：90/68）。このような戦争を背景にした世界観に抗して彼は、「お腹が空くから食べる」ように、「欲望をそそるもの」それ自体が欲望を満たす「終わり」であり、その「目的」であることから（cf. EE：76/56）、「〜ために」という合目的性に根差す世界とは異なった、「糧」（EE：86/65）としての世界との関わりを提示する。「世界」は私の欲望を満たす「糧」なのだ。

対して、愛撫とは、「困惑」や「混乱」と特徴づけられるように、欲望の糧となる世界との結びつきが阻まれ、愛の「根本的で、消し去ることのできない飢え」という満たされない欲望が生じる経験だといえる。世界との関わりが自分を満たす「糧」であるのに対して、他者とのセクシュアルな関係は、満たされることのない欲望からなる「飢え」である。そして、このような概念の構造は、『時間と他なるもの』における「女性的なもの」に対する愛撫の記述から逸脱している。

「女性的なもの」に対する愛撫が「食べること」という口唇的経験から峻別される（cf. TA：292/82）のに反して、「エロティシズムの食人的世界」と同じく、先に引用した愛撫の記述は「キス」や「噛みつき」といった口唇的セクシュアリティ――「「食べること」の模擬行為」として論じられる。(8) レヴィナスは執拗なほどに、「性器的セクシュアリティ」に還元されない口唇的セクシュアリティにこだわっている。加えて、「〜ために」という有用性とは異なった構造を、口唇的セクシュアリティの水準で捉えようとする点でも、前述の愛撫の記述と「エロティシズムの食人的世界」概念は連続している。口唇的セクシュアリティのクィアネスは、初期レヴィナスにおいて断続的に見出されるのである。さらに言えば、他者との間のセクシュアリティが「「食べること」の模擬行為」と形容されるとき、性的な他者は主体にとって「比類なき他者」(EE：179/145)と見なされる「女性的なもの」との差異を含んだ関係とは異なり、「糧」のように主体に同化可能な存在として論じられているといえるのではないだろうか。第Ⅲ部で詳しく見てゆくように、レヴィナスのセクシュアリティ論においては、性的な他者は、主体と分離したものではなく、主体と混ざり合うものとしても提示される。彼は「エロティシズムの食人的世界」や「愛撫」を通じて口唇的セクシュアリティを論じることで、表立って掲げる規範的なセクシュアリティから逸れるような議論を展開しているのだ。

ただし、このような口唇的セクシュアリティの観点は、初期レヴィナスの規範性と隣り合わせにもなっている。事実、『実存から実存者へ』刊行翌年の『時間と他なるもの』において、愛撫を介した官能は、「食べること」の水準から切り離されつつ、「女性的なものの役割と例外的な位置」に関する見解を確証するものと見なされ(cf. TA：292/82)、この愛撫が向かう「未来の地平」は繁殖性に置かれることになる（cf. TA：292-293/82-84）。つまり、初期レヴィナスにおける口唇的セクシュアリティのクィアな観点は、「正しいセクシュアリティ」へとある面で取りまとめられてゆくのである。そして、このような議論は、中期の主著『全体性と無限』においても、「女性的なもの」との愛撫を介した官能における「子どもを欲すること」という仕方で引き継がれることになる（cf. TI：478/298-299）。

しかし、他方で、第Ⅱ部以降で見てゆくように、初期以降もレヴィナスは口唇的なセクシュアリティを論じ続ける。例えば、後期の主著『存在の彼方へ』においては、セクシュアリティが、「エロス」と同じく「皮膚」から捉えられ（cf. AE：415/19）、「キス」の経験として具体化される（cf. AE：183/121）。初期レヴィナスが垣間見たペッティングやアナルセックスのようなクィアなセクシュアリティは、後期まで引き継がれる主題であり続けるのだ。

そのために、一方で、レヴィナスのセクシュアリティ論における規範性を初期以降のテクストに亘って精査し、他方で、初期テクストから垣間見られた口唇的セクシュアリティに関するクィアな観点の意義を、初期以降のテクストからも引き出す作業が求められる。

この第Ⅱ部以降の試みに取り掛かる前に、初期レヴィナスのテクストが含むもう一つのクィアな

（8）捕囚手帳においても食べることが対象を享受することに留まらず、セクシュアリティのありようとしても記述されている（CE1：145/120）。

側面を論じたい。

プルースト的セクシュアリティ

口唇的セクシュアリティに加えて、初期レヴィナスのテクストのクィアな読解可能性は、彼のプルースト論においても見られる。前節で指摘したように、初期レヴィナスのプルースト読解は、「女性的なもの」概念の下地となっており、その点で彼の規範的観点を基礎づけるものだ。しかし、彼のプルースト論は、ある面で、「正しいセクシュアリティ」を逸脱するクィアな側面を内包している。そこでまず、一九四七年の批評、「プルーストにおける他者」の次の一節を分析したい。

> アルベルチーヌの無が、彼女の全面的他者性をあらわにするのだ。自己の孤立した死にこだわる現代哲学に反して、死、それは他者の死である。他者の死だけが、失われた時を求める探求の交差点に位置している。けれども、日々の、ありとあらゆる瞬間での他者の死、他者をそれ自身に引きこもらせるこの死は、人々をコミュニケーション不可能な孤独のうちに投げ捨てるのではない。まさにこの他者の死こそが、愛を培うものなのだ。その存在論的な純粋さにおいて、エロスは［…］拒否しつつも自らを与えるものとの、他者である限りでの他者との直接的関係、神秘との直接的関係に由来するのである。（NP：163/122）

一方で、レヴィナスは、アルベルチーヌとの「エロス」と呼ばれるセクシュアルな関係性を、「神秘」という「女性的なもの」の受動性を意味する術語から言い表している。しかし他方で、ここでのアルベルチーヌとの繋がりは、「エロス」を介した「他者の死」との繋がり、つまり死したアルベルチーヌとの関係性として、「女性的なもの」から繁殖性へと至るレヴィナスの理論の展開——「息子の生殖」——とは正反対の仕方で方向づけられる。初期レヴィナスのプルースト論は、「正しいセクシュアリティ」から逸脱する構造を含んでいるのだ。プルースト論においては、生殖生殖関係ではなく、死したアルベルチーヌとの関係性からセクシュアリティが主題化されるのである。

そして、このような「他者の死」と結びつくプルースト的セクシュアリティは、ある種の「苦痛」の経験から特徴づけられている。前述の批評と同時期に書かれた捕囚手帳において、「消え去り、死した」アルベルチーヌとの「繋がり」は主人公の「苦痛」によって成り立っていると見なされ（cf. CE1 : 172/145）、「プルーストにおける他者」の中では、このようなプルースト的苦痛において重要なことは、「自我が〔苦痛のような〕内面的出来事をつかみながらも、あたかも他者のうちで内面的出来事と出会うかのように、その内面的出来事によって自己が攪乱される仕方」だと語られる（NP : 161/121）。このように、死者と繋がるプルースト的セクシュアリティは、その他者を「女性的なもの」概念から他者化するのではなく、その「苦痛」を介した繋がりによる自己瓦解的な構造を強調する。初期レヴィナスのプルースト論は、生殖を介して父から息子、兄弟へと家父長的な主体を保ってゆく仕方ではなく、その主体の自己を揺るがすような「苦痛」を介して生きられる死したアルベルチーヌと主人公との間の「愛」を論じている。

加えて、レヴィナスが語るプルースト的セクシュアリティにおいては、繁殖性によって主体の「孤独」が乗り越えられるのとは対照的に、アルベルチーヌを喪失した主人公の「孤独」の内部に、死したアルベルチーヌとの繋がりが見出される。言い換えれば、その文脈では、孤独は、問題として退けられるのではなく、セクシュアリティの契機として引き受けられるのだ。これはレヴィナスのプルースト論の一つの核になっている。

> マルセル〔主人公〕の愛の物語は、この愛の一貫性そのものを問い質すべく定められたかに見える数々の告白によって裏打ちされている。しかし、この愛ならざるものが愛であり、把持不可能なものとの闘いが所有であり、アルベルチーヌのこの不在が彼女の現前なのである。〔死したアルベルチーヌの不在という〕この点で、プルーストにおける孤独という主題はある新たな意味を獲得する。孤独という出来事の本義は、それがコミュニケーションへと反転するという点にあるのだ。（NP：164-165/123）

このように、初期レヴィナスのプルースト論の文脈では、「孤独」は、繁殖性によって乗り越えられるものではなく、むしろ「愛」というセクシュアリティを引き起こす契機とみなされている。自己瓦解的な「苦痛」はある種の「孤独」を通じて生きられることで、他者とセクシュアルに繋がる起点となる。彼のプルースト論は、初期セクシュアリティ論の表立った展開——主体の一元的な孤独から多元的な繁殖性へと移る展開から逸脱するセクシュアリティの観点を既に含んでいる。

確かに、このような初期レヴィナスのプルースト論の構造は、奇妙なものである。なぜ、死者とのセクシュアルな繋がりが、「孤独」を通じた「苦痛」によって浮き彫りになるのだろうか。この疑問に答えるためには、後期レヴィナスのテクスト群を待つ必要がある。本書第五章でそれらのテクストを分析することになるが、本節で強調しておきたいのは、初期レヴィナスがプルースト批評を通じて、繁殖性とは明らかに異なったセクシュアリティを論じていたことだ。仕事の軸をなす哲学的テクストの規範性から彼の文学テクストは逸脱してゆく。

しかし、捕囚手帳から一九四七年の批評までに構想されたこのようなプルースト的セクシュアリティも、すぐにその存在を否認されることになる。一九四八年の『時間と他なるもの』において繁殖性は、「未来の地平」という「死に対する勝利」（TA：294/84）、あるいは「死に打ち克つこと」（TA：283/73）として論じられている。繁殖性概念は「死」を乗り越えるような「未来」として提示されるのだ。確かに、ここで主題となっている「死」は、主体に訪れるような「死」である（cf. TA：266-273/55-61）。しかし、生殖を介した未来を「死に対する勝利」として表すことで、初期レヴィナスは、プルースト的な「他者の死」のような「死」の経験を不可視化させてしまっている。そして、このような「死に対する勝利」としての繁殖性という論点は、中期の主著『全体性と無限』まで続いてゆくものである（cf. TI：88/49-50）。この意味でプルースト的セクシュアリティもまた、レヴィナスのテクストの規範性によって隠蔽される。

とはいえ、口唇的セクシュアリティと同じく、こうした初期のプルースト論の側面もまた、形を変えて引き継がれてゆくこととなる。レヴィナスは、初期プルースト論で提示したセクシュアリティを起点とした「孤独」の経験を初期以降も論じ続けている。例えば、一九八四年の「アルフォンス・ド・ヴェーレンスの思い出に――感受性について」では、「苦痛の具体性としての孤独と遺棄」において生じる他者関係が、「エロス的なものの可能性」から具体化されている（cf. HS : 187-188/170）。つまり、ある種の「孤独」を通じた「苦痛」によって他者とセクシュアルに繋がるというプルースト的セクシュアリティの構造を、晩年のレヴィナスもまた論じているのだ。

以上のように、初期レヴィナスのテクストには、その規範性が呼び込む「正しいセクシュアリティ」を横滑りするクィアな読解可能性が幾重にも潜在している。だが、同時に、これらの可能性は、クィアな人々の存在を抹消する彼のテクストの規範性によって不可視化されてもいる。そこで、第Ⅱ部では、主に中期の主著『全体性と無限』の繁殖性概念を批判的に分析することで、彼のテクストの規範性をより文献学的に明確化すると共に、この規範性が引き起こす問題を把握する。他方で、それに続く本書第Ⅲ部では、本節で垣間見られたレヴィナスのテクストのクィアな展開を、彼の中期と後期のテクストの読解から行うことで、規範性に留まらない彼のセクシュアリティ論の可能性を提示する。そこで彼のクィアなセクシュアリティ論は、ある種の〈同質性〉の視点から読み直されるだろう。

第Ⅱ部　レヴィナスをクィアに問う——抹消されるクィアな人々の存在

本部の目的は、中期の主著『全体性と無限』におけるセクシュアリティ論、特にその繁殖性概念をめぐる理論が、クィアな人々の存在を抹消していることを明らかにすることにある。それにより、中期レヴィナスのセクシュアリティ論の規範性を具体的に明らかにしつつ、第Ⅲ部で取り上げる彼のテクストのクィアな読解可能性を際立たせる。『全体性と無限』はある種の倫理を論じた著作として有名だが、同著の第四部の大半はセクシュアリティに関する記述に充てられている。そして、そこには異性愛・シスジェンダー中心主義が潜んでいる。

そこでまず、第三章では、『全体性と無限』における繁殖性の時間論の精読を通じて、繁殖性概念がクィアな人々の存在をかき消していることを明らかにする。続く第四章では、『全体性と無限』の老化論を分析することで、同著のセクシュアリティ論に根差す健常主義を浮かび上がらせる。他方で、同章では同時に、前章で垣間見られたレヴィナスのテクストのクィアネスを、彼の中期テクストもある面で引き継いでいることを指摘することになるだろう。

前章で論じたように、初期レヴィナスのセクシュアリティ論は、セクシュアリティを、異性愛者でシスジェンダーの夫婦を主体とした家父長的な生殖に限定的に結び付けつつ、その観点を特権化し、そのような生殖に関わらない／関わることのできないクィアな存在を抹消する議論を展開していた。本部では、このような規範性を、特に〈時間論〉という観点から中期のテクストにおいて見出すことを試みる。この試みは、一方で、『全体性と無限』のセクシュアリティ論を、「時間性の問いとしてのエロス論」と呼ばれる同著の最新の文献学的解釈（cf. 渡名喜 2021）から読み込むものとなり、他方で、主にフェミニズム研究において行われてきた同著のセクシュアリティ論批判（cf. Irigaray 1984：267-313/173-199；Sandford 2000：33-81；Guenther 2006：75-89）をレヴィナス研究の視点から展開することにもなるだろう。つまり、最新の文脈を反映しつつ、レヴィナスの文献研究として『全体性と無限』のセクシュアリティ論批判を行うのが本部の大きな目的である。

では、中期レヴィナスがセクシュアリティの水準で問題とする時間論とはどのようなものなのだろうか。各章に取り掛かる前に、その時間論の問いを、初期との繋がりを押さえつつ、簡単に捉えておきたい。

セクシュアリティ論が集中的に展開される『全体性と無限』第四部の冒頭でレヴィナスは、「愛と繁殖性の次元」を「自我が死の彼方へ向かいつつ、同時に自己への回帰から解放されるような次元」として提示する（TI：455/284）。この「死の彼方」と「自己への回帰」からの「解放」という主題は前章で見てきたように、初期レヴィナスのセクシュアリティ論が具体的に展開されるための問題背景であった。初期において彼は、自己へと回帰してゆく自閉的な「孤独」の構造に抗して繁殖性概念を提示し、それは「死に対する勝利」として表象されていた。『全体性と無限』におけるセクシュアリティ論の問題関心はある程度、初期レヴィナスのそれと地続きであるといえる。

だが他方で、次の『全体性と無限』第四部の記述においては、初期に主題化された「孤独」の問題が、『全体性と無限』に固有の時間性の問題系から展開されている。

しかし、主体のうちに起源が生起することは、権能をものともしない老化と死が生起することである。自我は、自己に回帰し、どれほど再開を繰り返しても、みずからを「同」として再発見するのであり、孤独なまま両足で着地して無事に切り抜け、不可逆な運命を描き出すだけである。

（TI：488-489/303）

自己への回帰という「孤独」の構造をなぞりつつ、この孤独を「老化と死」という「不可逆な運命」として記述することで、『全体性と無限』においてレヴィナスは「孤独」を何らかの時間性の問題として議論し直していることが分かる。初期レヴィナスは「孤独」と呼ばれる排他的な存在論的構造に抗して繁殖性というセクシュアリティの観点を導入していたが、ここではそのような「孤独」の構造が存在論ではなく時間論から語り直されているといえる。言い換えれば、『全体性と無限』においてセクシュアリティ論はある種の時間論を背景に展開されているのだ。

では、（1）「老化」と「死」はそれぞれどのような時間性の問題なのか、（2）これらの問題に抗して『全体性と無限』においてセクシュアリティはどのように論じられるのか。まず本部の第三章と第四章では、これらの二点に答える形で同著のセクシュアリティ論の批判的分析を行いたい。

第三章　クィアに「未来なし」?——『全体性と無限』における繁殖性概念の規範性

本章では、「老化」と「死」という『全体性と無限』のセクシュアリティ論が背景とする二つの問題のうち、「死」に関する時間性の問題を扱い、同著のテクストがクィアな人々の存在を排除していることを明らかにする。そこでまず第一節では、『全体性と無限』のセクシュアリティ論を、時間論の観点から批判的に検討するための文献学的な足掛かりを作る。そのために、なぜレヴィナスが繁殖性という時間構造を要請するのかを、『全体性と無限』の議論——特に主体の「死」に関わる論述を検討し明らかにする。第二節では、この繁殖性の時間構造が家父長的な生殖を特権化する異性愛・シスジェンダー中心主義を背景にしていることを、『全体性と無限』第四部の「女性的なもの」概念から繁殖性概念へと至る時間論の展開から示す。『全体性と無限』においてレヴィナスはある種の暴力に抵抗するために繁殖性概念に訴えるが、この戦略はクィアな人々の存在を抹消する結果を招いてしまっている。

1　『全体性と無限』においてなぜ繁殖性の時間構造が要請されるのか——歴史の暴力という問題

『全体性と無限』において繁殖性の時間は、どのように導入されるのだろうか。そこには、初期とは異なった文脈が存在する。そこでまず、この時間構造が、歴史の暴力という問題を背景に導入されることを指摘したい。

『全体性と無限』において「歴史」は個々の存在を抽象化する「全体性」（TI: 18/7）と見なされるが、同著が提示する「倫理」の主体はその死後にこの全体性に飲み込まれてしまう。「歴史」という大きな物語において、個々の主体は些末なものとして矮小化されてしまうのだ。そのため、レヴィナスは、生殖によって死後に主体性を引き継ぐ繁殖性の時間構造を要請する。個人では無力だったとしても、世代を通じてその個人の語りが継承されることで、例えば戦争という「歴史」の大きな物語に抵抗することができる。以下では、『全体性と無限』におけるこのような議論をいくつかの論点に分けながら具体的に見てゆこう。

まず、レヴィナスが、歴史を主体の死後に関わる暴力の問題として捉えていることを、次の記述から確認したい。

思考する存在は、まず、この存在を一つの全体に統合されたものと見なす眼差しに差し出されているように見える。だが、実際には、この存在は死んだときにはじめて全体に統合される。

〔…〕全体化が成し遂げられるのは、ただ歴史においてのみ、修史家たちの歴史においてのみであって、言い換えれば生き残りたちのもとにおいてである。〔…〕普遍的な歴史の時間が存在論的な下地であり続ける。そこでは、個別の存在たちが消失し、数え上げられ、少なくともそれらの本質が要約されるのである。点としての契機である誕生と死、および両者を隔てる間隔は、生き残りである歴史家のこうした普遍的な時間のうちに収められる。（TI：85/47-48）

主体が死んだ後、主体は「修史家」という「生き残り」によって「歴史」というある種の全体性へと「統合」される。そこにおいて、主体の個別性は消失し、抽象化されることになる。レヴィナスは、主体がその死後に、第三者の三人称的な観点によって抽象化される事態を「歴史」という概念から論じるのだ。「歴史」は主体の主体性を飲み込む暴力である。

では、なぜレヴィナスはこのような歴史の暴力の問題を『全体性と無限』で取り上げるのだろうか。そこでは、同著において主題となる「倫理」が問題となっている。同著において「他者の現前によって私の自発性が問いただされること」が「倫理」と呼ばれ（TI：58/33）、この問いただしによって「呼びかけられたものは発話へと呼び求められている」（TI：112/65）と見なされる。こうした「発話」は、一方で自己の自発性を問いただす他者への「責任＝応答可能性（responsabilité）」（TI：316-17/194）を、他方で「ある者が他者の前で自分の自由を正当化するという肯定的な行為」、問いただしに対する「弁明」（TI：452/282）を含意する。他者によって主体の自発性が問われ、その問いに主体が応答し自己を弁護する発話関係が『全体性と無限』における「倫理」の構造である。歴史の暴力に関して主題化されるのは、特にこの「弁明」に関する発話の構造である。弁明と歴史の暴力との関係を示すために、『全体性と無限』第三部における次の一節を参照したい。

歴史のなかの意思は、その所産（œuvre）を起点にして解釈された人物として凝固する。事物を生産する意思は、事物に依存しながらも、自分を他人に委ねてしまうこの依存と闘っているが、こうした意思の本質は所産のうちで曇ってしまう。意思が、発話する存在のうちで、異質な意思にあらがって自らの所産を取り戻し、自らの所産を擁護しているあいだは、歴史が生きる糧にする全体を把握する距離（recul）が歴史には欠けている。歴史の支配が始まるのは、結果としての現実からなる世界、死んだ意思の遺産である「全集（＝すべての所産 œvres complètes）」からなる世界においてである。（TI：407/252）

レヴィナスが論じる歴史の暴力とは、当人の意思とは関係のないところで人が「その所産を起点にして解釈された人物として凝固」させられる現象、人がその所産を介して三人称の始点から取り上げられ、解釈される状況である。例えば、私がネット記事（＝所産）を書いたとしよう。そのネット記事は、私が不在の匿名のコメント欄において第三者によって暴力的に解釈されてしまうものでもある。このような事態をレヴィナスは論じているといってよい。だが、彼が記しているように、「発話する存在」は、この第三者の解釈に対して現前し、発話を介して自らの「所産を擁護」することで、その暴力に抵抗することができる。先のネット記事の例で言えば、匿名のコメント欄の誹謗中傷に対して批判声明を出し自らの所産（記事）を弁護できる。つまり「この発話は意思の弁護として生起」する「弁明」である（TI：436/271）。しかし、私の死後もネットに残る記事（「死んだ意思の遺産である「全集」」）を私は弁明できず、無防備に生き残りの歴史の暴力に曝され、文字通り死人に口なしとなる。レヴィナスの言葉を借りれば、「歴史が認識するのは死んだ人間だけ――歴史はこの者に、その所産や遺産のうちで客観的に接する――なのだ」（TI：324/199）。

この歴史の暴力に抗するためには、発話を介した倫理とは異なった関係が求められる。第三部「顔と外部性」に続いて、『全体性と無限』でセクシュアリティが主に論じられる第四部は「顔の彼方へ」と題されることになるが、「顔の彼方」とはまさに、同書で「顔」と呼ばれる発話を介した倫理とは別の関係を示唆するものである。レヴィナスが『全体性と無限』で「顔の倫理」を論じた[1]ことは広く知られているが、彼は、その「顔の倫理」だけでは不十分と考えたのだ。そして、「顔の倫理」に付け足されるべきものと見なされたのがセクシュアリティの水準なのである。

加えて、そのセクシュアリティ概念が集中的に記述される『全体性と無限』第四部で「死」が問題となるのは、レヴィナスが、このような主体の死後における歴史の暴力に抗した水準としてセクシュアリティを導入するためである[2]。同著において、セクシュアリティは、主体の死に降りかかる暴力への抵抗として現れる。

このセクシュアリティのありようとしてレヴィナスは、繁殖性に根差した未来との関係を提示する。

歴史という共通の時間に準拠しないということは、次のことを意味する。すなわち死をまぬがれない実存は、歴史の時間と平行には進まない次元のなかで、そして絶対者であるかのようなこの歴史の時間との関わりによって位置づけられるのではない次元の中で展開される、ということだ。[…] 誕生と死の間にある生はこの生が固有の次元のなかで過ぎ去り、そこでこの生は一つの意味を持つのであり、そこで死に対する勝利が一つの意味を持ちうるのである。[…] この勝利とは息子のうちでの復活であって、死の断絶は息子において包み込まれるのである。死 [...] は、子孫への通路を開く。繁殖性は依然として人格的な関係である [...]。(TI : 87-88/49-50)

(1)「表出に固有の出来事とは、自己についての証言をもたらすとともに、この証言を保証することである。こうした自己についての証言は、顔として、言い換えれば、発話としてのみ可能である」(TI : 357/220)。
(2) また死が『全体性と無限』第四部において「不可逆な運命」と記述された理由の一つは、主体の死後にこのような取り返しのつかない歴史への統合が生じるという「運命」の構造にあるといえる(「運命は、歴史に先立つのではなく、歴史の後を追うのだ。運命とは、死者たちの所産を解釈する、言い換えれば、それらを利用する修史家たちによる歴史、生き残った者たちの物語である」[TI : 408/253])。

繁殖性を介することで主体の「死」は、三人称的な歴史との関係ではなく、「子孫」との「人格的な関係」へと開かれる（ここで「子孫」が「息子」に限定されている点に関しては一旦脇に置き、後述する）。同時に、この時間構造は「諸世代の非連続性」（TI：408/301）と見なされる。つまり、繁殖性は、主体の死後の時間が、子孫へと「世代」を通して引き継がれ、同時に解釈し直される（＝「非連続性」）未来に向かうことを可能とするのだ。生殖を介することで、主体の死後の時間は、ネットのコメント欄のような三人称的な匿名の領域ではなく、「子孫」という具体的な名を有した他者との関係性の領域に開かれる。

加えて、このような時間構造は、「無限の時間」とも呼ばれ、この時間を生きる「無限の存在」は、「つねに再開する＝やり直す（recommençant）存在」、「主体性なしでは済ませられない存在」と見なされる（TI：483/300）。すなわち、主体の死後も、その主体性が世代を介して「再開する＝やり直される」という意味で、『全体性と無限』は繁殖性の時間構造を「無限の時間」と呼ぶのである（「自我は主体性の繁殖性を介して生き延びる」［TI：444/277］）。村上が指摘するように、「個体の単独性を確保し続けるための装置として（繁殖性の）世代交代は機能」し、繁殖性の「世代性は私が死んだあとに有意味な世界を想定するために必要な概念」として働く（村上 2023：186）。初期レヴィナスにおいて提示された「死を克服すること」あるいは「死に対する勝利」としての繁殖性という主題は、『全体性と無限』においては主体の死後の歴史の暴力に抗する時間性として展開されているといえるだろう。

そして、この繁殖性の構造は倫理の主体の核をなすものである。[3] そこで次の記述を参照したい。

> 私が繁殖性を介して保持するのは、[…] 弁明の個別主義が、弁明の自我をその個別性をそのままに維持する実効的な善性に転換するために必要な無限の時間であり――その際、いまだ主観的なものと自称するこの合致を、歴史が打ち砕き、押しつぶすことはない。（TI：512/317-318）

繁殖性の未来は、「弁明」を行う倫理の主体性を、その死後も、歴史の暴力に陥ることなく存続させる可能性の条件（「無限の時間」）となる。[4] 私は死後に自らを弁明できないが、私の意思をある面で引き継ぐ世代の弁明によって、私は〈死人に口なし〉とならず歴史の暴力を免れうる。したがって、倫理の主体の可能性の条件を、主体の死後に想定するために、『全体性と無限』は繁殖性の時

（3）この点に関しては石井（2021）をも参照。

（4）この点に関しては次の記述も参照。「それゆえ、真理は、究極的な条件として、善性および顔の超越をともに条件づけるような無限の時間を要求する。自我は主観性の繁殖性を介して生き延びるが、かかる繁殖性が、神の裁きの秘密裡の次元としての主観性の真理の条件となる」（TI：444/277）。なお「善性（bonté）」とは「発話において現前する顔との関係」（TI：530/330）を意味する。

間構造を要請するのだ。

しかし、例えば先の引用でこの繁殖性の時間構造が「息子のうちでの復活」と呼ばれていたように、そこには規範的な観点が垣間見られる。次節ではこの問題に取り組みたい。

2 『全体性と無限』における繁殖性概念の規範性

本節では、繁殖性の時間構造が、家父長的な生殖を特権化する異性愛・シスジェンダー中心主義に根差すことを、『全体性と無限』第四部の「女性的なもの」概念から繁殖性概念に至る時間論の展開から明らかにする。前述のように、ある種の倫理が主題とされる『全体性と無限』においては、同著第四部の記述の大半をセクシュアリティ論が占めている。そこでまず、この第四部において「女性的なもの」概念から提示される時間構造を見てゆきたい。繁殖性の時間に先立ち、『全体性と無限』第四部B「エロスの現象学」において「女性的なもの」とのセクシュアルな関係の時間が記述される。

> 女性性のこの弱さを前にしたときの愛する男の運動は〔…〕愛撫の自己満足に没入してゆく。〔…〕愛撫とは、〔…〕あたかもいまだない（*n'était pas encore*）かのように逃れ去るものに訴えることである。〔…〕それが満足された場合でも、愛撫に活力を与える欲望は、いまだないものに

よって、いわば養分を補給されて再生し、決して侵されることのない女性的なものの処女性に私たちを連れ戻す。
（TI : 462/288、強調原典）

レヴィナスは、異性の男女（「愛する男」と「女性的なもの」）のセクシュアルな関係（「愛撫」）が、ある種の未来（「いまだない」）を目指すことを論じている。この未来とは、繁殖性を下支えする時間構造とされるものである。異性の間のセクシュアリティは、生殖に紐づけられるのだ。この点を『全体性と無限』のテクストに沿って理解するために、次のようにこの「いまだない」が「無以下のもの」と言い換えられる点に注目したい。

自由による同意あるいは自由による抵抗を超えたところで、愛撫はいまだないもの、、、、、、、（*ce qui n'est pas encore*）を、「無以下のもの（moins que rien）」を探し求める。いまだないもの、「無以下のもの」は、未来の彼方に閉じ込められ潜んでおり、予期に差し出されている可能事、、、（le *possible*）とはまったく別の仕方で潜んでいる。
（TI : 463/288、強調原典）

異性の男女のセクシュアリティが目指す「いまだない」未来は、「無以下のもの」と言い換えられつつ、「可能事」と呼ばれる事柄と対比させられる。レヴィナスはこれらの抽象的な概念を通じて何を論じようとしているのだろうか。彼が語ろうとしていることを理解するためにまずは「可能事」が何を指すのかを把握したい。右の引用で強調される「可能事」とは、主体の「権能＝可能性(pouvoir)」に関わり、未来という時間性の文脈においてハイデガーの「死に臨む存在」を批判的に言い換えた概念のことである。実際、一九四八年の『時間と他なるもの』で既に、「死に臨む存在」は、「現存在による実存の最後の可能性の引き受け」(TA：269/57)と呼ばれ、一九五七年の「哲学と無限の観念」では「現存在の無は死、つまり私の死、(不可能性という)私の可能性、私の権能＝可能性である」(EDE：360/235)と記されている。そして、一九六一年の『全体性と無限』第四部では「存在そのものを構成しはするが未来との関わりを主体の権能＝可能性に変形させてしまうハイデガー的な可能性」(TI：482/300)とは異なった未来が論じられる。渡名喜が指摘するように(渡名喜 2021：248-275)、ハイデガー的な「権能＝可能性」あるいは「可能事」としての投企とは異なった未来との関係を示すことが、『全体性と無限』までのレヴィナスのセクシュアリティ論の思想史的な企図である。

異性の男女のセクシュアルな関係の「いまだない」という時間構造は、主体の死の権能＝可能性とは異なった未来を担うものであり、ハイデガー的な「死の無」(Heidegger 1967：91/266)とは異なるものとして「無以下のもの」と言い換えられる。中期レヴィナスは、異性の男女のセクシュアリティが行き着く未来を、「死」とは異なった現象と見なすのだ。

では、この「無以下のもの」とは何なのか。それは「子ども」である。

他者であると同時に私自身でもある子どもとの関係――子どもを欲すること――は、官能のうちで既に描かれており、子ども自身のうちで成就する［…］。今や私たちは新しい範疇を前にしている。すなわち［…］エロスが否定性から引き剥がしてきて冒瀆する「無以下のもの」を前にしている。これは、不安の無とは区別される無、「無以下のもの」の秘密の中に埋められた未来の無である。

（TI：478/298-299）

レヴィナスは、「不安の無」（ハイデガー的な「死の無」[5]）とは区別される「無以下のもの」あるいは「未来の無」を、官能を介した「子どもを欲すること」と見なす。つまり、彼は、異性の男女のセクシュアルな関係が行き着く未来を、子どもの未来、子を生殖する未来として論じるのだ。

しかし、この主張にはいくつかの問題が伴う。まず、先の引用の直後の『全体性と無限』第四部C「繁殖性」において、この「子ども」を「息子」に限定する言説を展開することで（cf. TI：481/299）、レヴィナスは、娘そして男女二元論に当てはまらない子どもの可能性を排除している。実際、レヴィナスにおいて、「子であること」は「父 - 息子関係」に限定されている（TI：501/310）。また、彼は、「「いまだない」という現象がそこに根差す時間の第一の現象」、つまり、異性の男女

（5）この点に関しては、次の『存在と時間』における記述を参照。「この不安のなかで、現存在は、おのれの実存の可能的な不可能性という無へ臨む自己を見出す。［…］死に臨む存在は、本質的に、不安である」（Heidegger 1967：91/266）。

のセクシュアルな関係の時間が依拠する水準を「父性」と見なす（TI：444/277）。さらに、この「父」と「息子」から導き出される関係性は「兄弟たち」からなる「兄弟関係」に限定され、「家族」として纏められる（cf. TI：312-313）。すなわち、彼は、「父」と（いつかその父となる）「息子」と「兄弟」という男性を「家族」における生殖の主体とする家父長的な観点を特権化しているのだ。

「女性的なもの」概念から繁殖性概念へと至る展開において、『全体性と無限』のセクシュアリティ論が主題とする時間論は、家父長的な生殖を特権化する異性愛・シスジェンダー中心主義的な観点から描かれていた。倫理の主体の可能性の条件としての繁殖性は、『全体性と無限』のテクスト上では、普遍的なものではなく、家父長的な生殖を行うシスジェンダーで異性愛者の主体性に限定されているのだ。事実、レヴィナスは、「可視的な歴史の背後に真理が現出するために必要な時間は、父性がなければ不可能だろう」（TI：444/277）と、あくまでも「父」を主体とした生殖の時間において、歴史の暴力への抵抗は可能になると論じている（ゆえに、本書は『全体性と無限』の繁殖性概念を生殖から切り離す解釈を取らない）。[6]『全体性と無限』のセクシュアリティ論は、初期とは異なった問題を扱いながらも、初期と類似した規範的観点に陥ってしまっている。

このような本書の批判的解釈に対して、初期レヴィナスのテクストに対してそうだったように、例えば、「生物学的な繁殖性は、ここで問題になっている父性の諸形式の一つでしかない」（TI：444/277）や繁殖性は「生物学的経験を乗り越える構造を描いている」（TI：500/310）と主張することで、『全体性と無限』の繁殖性概念は経験的な生殖にのみ依拠するものではないとの反論が予想される。実際、伊原木大佑は、レヴィナスが論じる「生殖は生物学的・経験的なレベルに収まる概念」ではなく、「独特な精神的結合の様式」という「肉体間の繋がりを欠いたところで父子性や兄弟性を論じる余地」があると主張し（伊原木 2015：28-29）、檜垣立哉は息子概念を「未来において他者が産まれつづけること」という「増大のイマージュ」と解釈し、「ここでの他者性からは」、「自分の生物学的な子であるという意識は排除されるべきではないか」と語る（檜垣 2012：152-153）。

しかし、繰り返しになるが、レヴィナスが繁殖性概念で念頭においているものは、シスジェンダーで異性愛者の主体を前提とした家父長的な生殖の観点であって、普遍的に妥当するような生殖、繁殖ではない。事実、レヴィナスが想定している生殖は、「愛する男」と「女性的なもの／愛される女」の間の異性愛関係、本書第二章の解釈に従えば、アダムとイヴの夫婦関係に限定されたものだった。言い換えれば、彼の論じる生殖とは、異性愛者でシスジェンダーの男性を主体とするものであって、普遍的な生殖、繁殖を象徴するものではないといえる。実際、『饗宴』におけるアリストファネスの同性愛者を含むエロスの神話を、彼は「色恋を自己への回帰と見なす解釈」（TI：285）と定義し、繁殖性の時間構造をこの「自己への回帰」とは正反対の出来事と捉えることで（cf. TI：301）、『全体性と無限』が提示する未来の構造から同性愛者を暗に排除している。(7) さらに、繰り返しになるが、『全体性と無限』の繁殖性概念は、「子ども」を一義的に「息子」と断定することで、

（6）このような解釈として、例えば、石井・高井（2019：74）や渡名喜（2021：416-457）を参照。

「男」という出生時に割り当てられた性別とは異なったジェンダーをそれぞれの仕方で生きるトランスジェンダーのような存在の可能性をこの概念が想定する「子ども」のありようから抹消させている。

レヴィナスのテクストの枠内では、例えば、トランスジェンダーや同性愛者の生殖を想定することは不可能であり、繁殖性概念をたとえ象徴として解釈したとしても、彼のテクストが含んでいる異性愛・シスジェンダー中心主義から逃れることはできない。さらに言えば、既存の研究のように「増大のイマージュ」のような仕方で普遍的な生殖、繁殖の概念として解釈してしまうと、レヴィナスがなぜ、親子関係や母子関係ではなく、「父 - 息子関係」という観点から繁殖性概念を展開したのかが説明できなくなってしまうだけではなく、それらの観点が含む問題を普遍化することにも繋がりうる。(8) レヴィナスが語る生殖を「増大のイマージュ」のような普遍的なものと見なすことは、彼の生殖論が含んでいる異性愛・シスジェンダー中心主義を温存した理論を形成する危険性がある。

以上のように『全体性と無限』において象徴される生殖の未来が、異性愛者とシスジェンダーを中心とするものだとしたら、クィアな人々にとっての未来は存在しないことになる。では、レヴィナスのテクストにクィアな人々の未来は存在しないのだろうか。このような問いに対して本書では第Ⅲ部において、中期と後期レヴィナスのテクストを読解することで、そこに自他が混ざり合うクィアなセクシュアリティの構造を見出しつつ、同時に、この〈同質的〉なセクシュアリティが、クィアな人々が生きる未来に開かれたものであることを論じることになるだろう。つまり、繁殖性概念の規範性にもかかわらず、レヴィナスのテクストはクィアな人々の未来に繋がりうるものなのだ。この第Ⅲ部の議論に移る前に、次章では、『全体性と無限』のセクシュアリティ論におけるもう一つの問題、「老化」の問題を批判的に取り上げることとしたい。

(7) この点に関しては、合田正人が『全体性と無限』のセクシュアリティ論において同性愛の禁止がなされていると指摘している点をも参照(cf. 合田 1999=2011 : 210)。

(8) グンサーは、レヴィナスのテクストに逆らいつつ、彼の繁殖性概念から主体性を剥奪させられている母と娘たちの経験を、彼のテクストから拡張的に見出すという試みを行っている(cf. Guenther 2006 : 89-94)。本書とは異なった仕方でレヴィナスのセクシュアリティ論を拡張的に解釈したものとして参照されたい。

第四章　不可視化される老化の経験――『全体性と無限』における健常主義の問題

本部の冒頭で触れたように、『全体性と無限』のセクシュアリティ論が扱う時間性は、死だけではなく、「老化」という問題を含む。レヴィナスは、主体の死後の領域だけではなく、主体が老いるという事実にも抗してセクシュアリティを提示しようとするのだ。本章では、この老化の時間構造の解明、そしてこの老化に抗して彼が論じるセクシュアリティのありようを明らかにする。そこから、『全体性と無限』のセクシュアリティ論に含まれるある種の健常主義を指摘したい。彼の中期老化論は、その内実において、老化という現象を抹消してしまうという問題を含んでいる。

1　『全体性と無限』における老化の時間構造

本節では、中期レヴィナスが、老化を通して〈衰えてしまっている〉という身体的な時間性を論じていることを明らかにする。私の身体が不可逆的に衰えてしまうという事実が、彼の扱う老化の構造をなしている。この構造を詳しく明らかにするためにまず、中期の老化の問題が、歴史の暴力とは次元の異なる時間性によっていることを確認しておきたい。確かに主体が老いることはその主体の死後の時間（＝歴史の暴力の時間）へと近づくことであるが、老化は過ぎ去ってしまった時間をも内包している。この老化の時間を捉えるために、次の『全体性と無限』の記述を参照しよう。

繁殖性を介した存在との隔たりは、単に現実的なもののうちで準備されるわけではない。この隔たりは現在そのものとの隔たりからなっている。この現在は、さまざまな可能事を選んでいるが、現実化してしまっており（s'est réalisé）、ある意味では老いてしまっていて（a vieilli）、それゆえ決定的な現実として凝固し、すでにさまざまな可能事を犠牲にしてしまっている。

（TI：507/314）

「決定的な現実として凝固し」と述べられているように、ここでは時間（＝「現在」）が何らかの仕方で〈完了してしまっていること〉が問題とされている。そのため、現在において「現実化してしまっており（s'est réalisé）」、「老いてしまって（a vieilli）」いるという複合過去の現在完了形から論述は展開される。

このような老化の問題は、歴史の暴力が主体の死後の未来に関わるものであったのに対して、現在ないし過去に関わる時間様相である点で差異がある。また、先の引用で述べられているように、現この〈完了してしまっている〉時間（＝「現在」）との「隔たり」として繁殖性の時間が導入されている。何らかの仕方で完了してしまった老化の時間から距離を取る手段として、繁殖性概念が持ち出されているのだ。したがって、老化の問題には、前章で見た歴史の暴力とは異なった時間性とその観点に対するセクシュアリティの導入がなされると考えられる。

では、『全体性と無限』において老化の時間とはどのようなものだろうか。同著を読む限りでは、想起に関わる時間構造が老化において主に問題とされているように見えるが（cf. TI：507-509/314-315）、その記述の着想には身体的な時間論がある。レヴィナスは身体が何らかの仕方で老化することを問題にしているのだ。この点を明らかにするためにまずは、『全体性と無限』の論述の一部の下地となっている講演「可能事の彼方」（1959）の記述を参照したい。

> その語の際立った意味での繰り延べ（ajournement）という時間［…］もまた、主体において老化が生じることなのではないか。老化とは、この〔繰り延べという〕時間において積み上げられてゆく決定的なものだろう。すなわち、存在の決定的なものを問いただし、不可避的なことを繰り延べるこの時間とは、不可逆性そのものなのだ。（CE2：320/309）

老化は、「繰り延べ」という時間において、繰り延べることのできない「不可逆」な時間として論じられている。老化が「不可逆」な時間であるということは、レヴィナスが中期以降も強調する重要な点である。では、老化の不可逆性がそこで生じるこの「繰り延べ」とはどのような現象なのだろうか。

この「繰り延べ」という概念は『全体性と無限』第二部「内奥性と家政」において主に提示されている。そこにおいて「繰り延べ」とは、世界を糧に生きる主体が、当の世界の生成変化が引き起こす「翌日の不安定さ」（TI：249/151）や「未来の不確実さ」（TI：259/156）に抗してそれを延期させる「労働」という時間的行為を意味していた。私たちがそれを「糧」にして生きる世界は、絶えず変化してゆくがゆえに、「不安定」なものである。今日狩りをしていた場所も明日には自然災害によって荒地になってしまうかもしれない。「繰り延べ」＝「労働」は、この不安定な世界に介入し私たちの生を安定化させる行為と見なされる。

予見不可能な未来においては私たちに対する存在の支配が告げられているのだが、労働は事物をつかみとり、存在を動産として、すなわち家のなかに持ち運べるものとして扱うことで、こうした未来を意のままにすることになる。労働は、この未来を自分のためにとっておくのだ。（TI：283/172）

世界内の存在をつかみ、持ち運び、家のなかで所有、保存することによって、その世界が生成変化することで生じる「未来の不確実さ」（「予見不可能な未来」）を、労働は延期させるのである。例えば、腐ってしまう恐れのある食材を加工という労働を通して保存食に変えることで、「翌日の不安定さ」をしのぐことが可能になる。一九五七年の講演「分離」の言葉を借りれば、「労働する身体として生起する享受＝享楽は、繰り延べの本源的な出来事」（CE2：289/278）なのだ。

そして、この「繰り延べ」としての労働は、次の記述に見られるように、身体を介したある種の時間の〈未完了相〉を示している。レヴィナスは、「手に固有の運命である労働」（TI：280/170）という仕方で手と労働とを密接に結び付けつつ、次のように論じる。

> ［…］身体とは、何かを把持すること＝手でつかむこと（saisir）のできる器官であり、したがってまた、私が依存しているこの世界のうちで、技術的に現実化しうる目標を前に位置を占めることができる器官である。労働する身体にとっては、それゆえ、総てが常に既に完了されているわけでも、常に既に成されている＝事実になっているわけでもない（Tout n'est pas d'ores et déjà accompli, d'ores et déjà fait）。そして、身体であることとは、このように、成されたもの＝事実（des faits）の只中で時間をもつこと、他なるもののうちで生きながら自我であることである。
>
> （TI：204/121、強調原典）

労働する手という技術的な身体が介在することで、世界において、いまだ「成されていないこと」が顕在化し、「総てが常に既に完了されているわけでも、常に既に成されている＝事実になっているわけでもない」という時間の未完了相が生じる。例えば、労働を通じて保存食を作り蓄えることで、不作という「事実」を未完了のものとすることができる。身体を介したこの〈未完了相〉こそ、労働を通して生起する「繰り延べ」という時間の構造なのである。

では、この労働という身体性を介して具体的にどのような時間が未完了となっているのだろうか。労働する身体はどのような時間を繰り延べるのか。それは、死を迎える時間の繰り延べである。

死についての意識とは、死の期日を本質的に知らない、死の絶えざる繰り延べの意識である。労働する身体としての享受は、この第一の繰り延べのうちに身を保っているが、この繰り延べが時間の次元そのものを開くのである。 (TI : 291/178)

「死についての意識」という「死の絶えざる繰り延べ」は「労働する身体」を通して具体化される。[9] そして、ここで含意されている「死」とは、「健康から病気への反転」が生じる身体の衰えの現象であり (TI : 290/177)、労働の繰り延べとはこのような「身体の身体性の繰り延べである」(TI :

(9) この点に関しては次の記述も参照。「意識とは、脱受肉化である、あるいは、より正確には、身体の身体性の繰り延べである。このことは、抽象化というエーテルのうちで生起するのではなく、住居と労働というまったく具体的なものとして生起する」(TI : 292/179)。

292/179）。つまり、身体を死から遠ざけ、その衰えを先延ばしにする働きが労働の時間なのである。例えば、栄養のある食料を、労働を通じて手に入れることで、健康な身体を維持することが可能となる。レヴィナスの論じる「繰り延べ」とは、「翌日の不安定さ」のような世界の不確定な時間を先延ばしにすることだけではなく、身体の〈衰え〉を繰り延べようとする時間なのだ。

逆に言えば、「老化」の〈完了してしまっている〉という時間は、労働という身体性を通して実現する時間の未完了相、つまり、「身体の身体性の繰り延べ」が不可能になる事態であると考えられる。これはどのような事態だろうか。それは、身体を衰えから遠ざける「労働する身体」それ自体が、「老いてしまっている」（TI：507/314）という事実性、身体の衰えの事実性によって無効化される現象だといえるのではないだろうか。労働する身体それ自体が老いる＝衰えるという事実を、労働は繰り延べることができないために、労働する身体は「不可逆」な「老化」を抱え込むことになる。実際、レヴィナスは老化を「不可逆な運命」（TI：489/303）や「不可逆性」（CE2：320/309）から特徴づけており、老化する＝衰える身体それ自体の繰り延べ不可能性を強調している。彼が論じる老化の構造は、老年期に限定されるものでも、比喩的な概念でもなく、〈衰えてしまっている〉という不可逆で身体的な時間として解釈しうるものだ。

では、こうした老化の不可逆性という問題に対して、レヴィナスはどのような解決策を持ち出すのだろうか。それは、生殖というセクシュアリティの水準によってである。では、どのように生殖は老化を乗り越えるのか。

2　老化に抗する繁殖性概念とその健常主義の問題

本節ではレヴィナスが老化に抗して提示する繁殖性の時間を概観しつつ、その構造が含むある種の健常主義を明らかにする。また同時に、前章で明らかとなった『全体性と無限』における繁殖性概念の規範性が、この健常主義と重なり合っていることを示すことになるだろう。繁殖性概念を通じて老化が乗り越え可能なものとして表象されるとき、老化の存在は周縁化されてしまう。

レヴィナスが不可逆な老化に抗して提示するのは、生殖を介して主体を刷新させる「若さ」である。

> 繁殖性は、老いを生み出すことなく歴史を継続する。無限の時間は、老いゆく主体に永遠の生をもたらすわけではない。無限の時間は、諸世代の非連続性を通じてより良くなるのであり、子どもの汲み尽くしえない若さが、この時間に際立った拍子を与えるのだ。
>
> （TI：483/301、強調原典）

ここで提示される「若さ」はアンチエイジングや不老長寿のような単独の主体に関わる時間ではない（「老いゆく主体に永遠の生をもたらすわけではない」）。ここで提示されているのは、生殖を介した世代による主体性の刷新という単独の主体を超えた時間（＝「諸世代の非連続性」）としての「若さ」である（「繁殖性の非連続の時間は、絶対的な若さと再開＝やり直しを可能にする」〔TI：509/315〕）。個々の主体性が生殖する世代を通じて引き継がれ、新しく変化してゆくこと、それがレヴィナスの言う「若さ」なのだ。では、なぜこのような「若さ」は、「老いを生み出すことなく歴史を継続する」ことができるのだろうか。

そこで注目したいのが、「こうした瞬間の再開＝やり直し、死すべきものであり、また老化してゆく存在の生成に対する繁殖性の時間の勝利とは、時間の働きそのものとしての赦し」（TI：509/315）であると言われている点である。「若さ」とは「赦し」をモデルとするものだとレヴィナスは見なす。この「赦し」の概念を読み解くことで、「若さ」が「老いを生み出すことなく歴史を継続する」と語られた理由も明らかになるだろう。そこで以下では『全体性と無限』における「赦し」の枠組みを概観したい。

まず、レヴィナスは、「赦し」を「過ち」と関わるものと捉え、「赦しは過ぎ去った時間に準拠しており、赦しのおかげで、過ぎ去った瞬間に過ちを犯した主体は、あたかもその瞬間が過ぎ去らなかったかのように、過ちを犯さなかったかのように存在することができる」（TI：509/315）と論じる。「赦し」は、過去の現象（「過ち」）が、他者を介して「あたかもその瞬間が過ぎ去らなかったかのように」遡及的に解釈し直される現象なのである。過去に犯してしまった取り返しのつかない出来事も、他者に赦されることで、その取り返しのつかなさが変化しうる。レヴィナスが「赦し」を、老化に抗する「若さ」と結びつけるのは、「赦し」がこのような未来からの過去の意味づけ直しという点で「時間を遡ること」あるいは「時間の可逆性」(TI：509/315)を成すためである。「赦し」は、「過ち」のような私の不可逆で、完了してしまった取り返しのつかない現在ないし過去を、他者によって「可逆的」に取り上げ直すものである。

「若さ」は、この「時間の可逆性」を有するために「赦し」と類比的に捉えられる。例えば、私は不可逆に衰えるが、子孫との直接的あるいは間接的な対話を通じて、私のこの衰えてゆく現在は未来において何らかの意味をもつ出来事として受け止められ、解釈され直される可能性が開かれる。〈衰えてしまっている〉という老化の不可逆な事実性が、世代を通じた未来の意味づけ直しによって「可逆的」となる地点において、「若さ」は「老いを生み出すことなく歴史を継続する」と論じられるのだ。

そして、このような「若さ」は「復活＝回復(résurrection)」としても記述されている。

> 時間の核心は、一つの劇であること、すなわち後続の幕が最初の幕に決着をつけるといった、複数の幕からなる多様性である、ということだ。存在は、もはや一発で、取り返しのつかない仕方で現在のものとして生起するのではない。現実とは、それが今まとっている姿だが、しかし、それがもう一回、自由な仕方で取り戻され、許された別の回にまとうことになる姿でもある。[…]時間の主要な出来事をなすのは復活＝回復である。したがって、存在のうちに連続性はない。時間は非連続なのだ。[…]瞬間は、その連続化のうちに一つの死を見出し、復活

＝回復する。死と復活＝回復が時間を構成しているのだ。だが、このような形式的構造は、「私」と「他者」の関係と、その土台として、時間を構成する非連続的なものを通した繁殖性を前提としている。

（TI：511-512/317）

繁殖性という世代を介した「非連続」な時間を介することで、〈衰えてしまっている〉という不可逆な事実性（「取り返しのつかない仕方で現在のものとして生起する」）が後世（「後続の幕」）に「自由な仕方で取り戻され」、つまり、意味づけ直され、「復活＝回復」するのである。したがって、繁殖性における世代を通した主体性の再開＝やり直しは、歴史の暴力に抗するだけではなく、老化という取り返しのつかない現在ないし過去を、子孫の未来において再開する＝やり直すものでもある。

しかし、老化という不可逆な衰えを「復活＝回復」可能なものと見なすことで、レヴィナスは、老化の存在を否認しているのではないだろうか。言い換えれば、老化を可逆的なものとして記述することは、老化の現象それ自体を否認して、「若さ」という健常主義を規範化することになるのではないか。

この『全体性と無限』における健常主義を浮き彫りにするために、アリソン・ケイファーが『フェミニスト・クィア・クリップ *Feminist, Queer, Crip*』（2013）で用いた「治癒可能な時間（curative time）」という概念を参照したい。この概念は、老化を乗り越える時間を提示するレヴィナスの議論の健常主義を浮き彫りにすると同時に、クィアな人々に関わるその規範性をも顕在化させる。

ケイファーは「治癒可能な時間」を、「強制的健常身体性／健常精神性（compulsory able-bodieness/able-mindness）」に関わる時間概念、「病気をもち、障害のある個々の人々が特定の医療介入に関わること」とは異なった「治癒可能というイマジナリー（curative imaginary）」として提示している（cf. Kaifer 2013：27）。「治癒可能な時間」とは、身体／精神が健常なものとして回復可能であるべきだという規範である。そして、このような「治癒可能な時間」を彼女は次のように論じる。

未来性はしばしば治癒可能という術語によって枠組みを作られてきた。この時間の枠組みは障害者に時間から逸脱したもの（として）の役割、あるいは進歩の流れに対する障害の役割をあてる。〔…〕この治癒可能な時間の枠組みの内部では、その場合、障害のある精神／身体の唯一適切なあり方は、治癒されたもの、あるいは治癒へ向かうものである。この文脈において、治癒がもっとも明らかに示すのは、インペアメントの消去である。だが同時に、この文脈において、治癒が意味しうるのは障害のある精神／身体を可能な限り消し去るように働くノーマライズする治療である。（Kafer 2013：28）

こうした「治癒可能というイマジナリー」は、『全体性と無限』のセクシュアリティ論においてはっきりと見られるものだ。老化を、「若さ」を通じた「復活＝回復」の観点から乗り越え可能なもの、あるいは乗り越えるべきものとして論じることで、レヴィナスは、老化という〈衰え〉の身体的な時間を治癒可能なものとして一義的に表象している。「繁殖性は、老いを生み出すことなく歴史を継続する」（TI：483/301）という彼の主張は、老化を繁殖性の未来へ向かう「時間から逸脱したもの」あるいはその未来という「進歩の流れに対する障害」[10]として表象しているといえる。実際、彼は「より年老いた自己に回帰すること」を「障害」と呼んでいる（TI：484/301）。このように、『全体性と無限』におけるセクシュアリティ論は、「強制的健常身体性／健常精神性」の問題を含むものである。

さらに、こうした「強制的健常身体性／健常精神性」の言説は、クィアな人々に対する規範的な言説にも繋がっている。モッセによれば、ファシズムが異性愛者男性を中心とした健常な身体から表象されるのに対して、「ユダヤ人といわゆる性的倒錯者は、虚弱で死の影を帯びたもの、早い老化の犠牲者として描かれることが多かった」（モッセ 1988=1996：170）という。実際、レヴィナスはファシズムの存在が顕著になっていた一九四〇年代に「男色家」を「病人に過ぎない」と病理化、障害化していたことを思い出そう（老化という文脈から外れるものの、同性愛が近年まで、トランスジェンダーが現代でも国内において、病理化されていた／いるという事実をここで想起してもよいだろう）。

このようにクィアな人々は「老化」という「障害」を通して周縁化され、健常とみなされるシスジェンダーの異性愛者と対照的なものとして表象されてきた。異性愛者とシスジェンダーを中心とした生殖の観点からクィアな人々の存在をレヴィナスが排除することと、その繁殖性を背景とした時間（「若さ」）から老化の存在を排除することとは、異性愛・シスジェンダー中心主義と「強制的健

常身体性／健常精神性」が交差する問題を反復している。(11)

以上のように、『全体性と無限』のセクシュアリティ論においてレヴィナスは、クィアな人々の存在を抹消するような健常主義に陥ってしまっている。同著における彼のテクストは、様々な方向からクィアネスを排除しているのだ。

では、中期レヴィナスのテクストにクィアな読解可能性は全く存在しないのだろうか。本章最終節となる次節では、彼の中期テクストが、第二章で垣間見たクィアネスに開かれていることを示唆し、第Ⅲ部で扱うレヴィナスにおけるクィアな読解可能性へと議論を繋ぎたい。

3 中期レヴィナスのテクストの裂け目――再帰するクィアな主題とその逸脱

ところで、ケイファーは「治癒可能な時間」の観点に抗して、障害の存在を否定することのない

(10)「進歩」という概念を確かにレヴィナスは用いていないが、「繁殖性は、老いを生み出すことなく歴史を継続する。［…］無限の時間は、諸世代の非連続性を通じてより良くなるのであり、子どもの汲み尽くしえない若さが、この時間に際立った拍子を与えるのだ」（TI：483/301、強調原典）という記述からは老化の時間構造に対して「若さ」からなる生殖の未来が「より良い」ものとして表象されていることは明白である。

(11) なお、宮永隆一朗はクィア・スタディーズにおいてすら「クィアと若さの同一視」（宮永 2020：62）が働いていることを指摘している。本書第Ⅲ部第五章はこうした宮永の指摘に応答することを試みるものでもある。

「クリップな時間（Crip Time）」を論じることを試みる。そこで彼女は、ジャック・ハルバースタムの議論を参照しつつ、「時間の規範的な語りが前提とする結婚と生殖によって定義される依存する子ども時代から自立した成人期へのリニアーな発達」（Kafer 2013：35）とは異なった、「同時的ではない時間（asynchrony）あるいは時間的な不調和」（Kafer 2013：34）から特徴づけられる「クリップな時間」を描こうとする。社会において規範的な時間から逸脱する構造を、ケイファーは積極的に捉えようとする。

　このようなリニアーなものとは異なった時間を提示する態度は、後期レヴィナスの老化論においてもみられるものだ。同時にそこでは、『全体性と無限』では否認されていた老化の不可逆な時間性が引き受けられるようになるだろう。この点を示すために、一九七四年の『存在の彼方へ』における次の記述を引用したい。

> 忍耐として成されるこの総合——これは深淵に受動的総合と呼ばれるが——、この受動的総合は老化である。この老化という受動的総合は歳月の重みで炸裂し、また不可逆的に、現在から、言い換えるなら再現前化＝表象から引き離される。［…］時間——それも回帰することなき失われた時——が隔時性であり、私と関わるのは、記憶による回収を超えた老化としてである。
>
> （AE：133-134/67、強調原典、傍線引用者）

このように、後期レヴィナスは、リニアーな時間が切断され、可逆的となることなく「不可逆」に生じる「隔時性」という時間構造を老化から主題化している。さらに彼は、このような「老化」が「死それ自体に意味を与える」肯定的な現象であると見なす（DQVI：173/141）。後期において彼は、老化の不可逆的な時間を否認することなく、その構造を積極的に浮き彫りにしようとするのだ。父から息子へと受け継がれる家父長的な生殖という繁殖性のリニアーな時間に逆らうかのように、後期レヴィナスは、老化の「時間的な不調和」に焦点を置こうとする。そのため、彼の後期老化論には、健常主義とは異なった老化の観点が垣間見られるといえる。

加えて、このような非規範的な老化の観点は、中期レヴィナスのテクストにおいて既にみられるものであり、重要なことに、それは初期のプルースト論とも交錯している。一九六一年の『全体性と無限』では「失われた時を求める想起」が「老化」と呼ばれ（TI：507/314）、一九六五年の「志向性と感覚」ではフッサールの時間意識の構造が「老化することと失われた時を求めること」と特徴づけられる（EDE：245/216）[12]。初期レヴィナスにおいてプルースト的セクシュアリティから浮かび上がった『失われた時を求めて』の主題は、中期のテクストにおいて、老化という観点から引き受け直されるのだ。第二章で見たように、レヴィナスにおいてプルースト的な主題は死者との間のセクシュアリティという、繁殖性とは正反対の観点から論じられており、そのようなプルースト的観点

（12）後期の文脈ではあるが、このフッサール的な時間意識を老化から記述する点に関してはEN：202/162をも参照。

を含意した中期レヴィナスにおける老化の主題は、健常主義によって乗り越え可能な障害とは異なった面を含んでいるのではないか。彼のテクストにおいて老化という主題と『失われた時を求めて』の読解が重なり合い、プルースト的セクシュアリティの視座を含意することは次章で詳しく論じることになるだろう。孤独に老化することがセクシュアルな繋がりの契機となるという特異な老化のありようが、中期以降の老化論と初期から続いたプルースト論が交わる主題となる。

その次章の作業に移る前に、初期レヴィナスにおけるもう一つのクィアな読解可能性、口唇的セクシュアリティの観点もまた、中期のテクストに垣間見られることを指摘したい。

レヴィナスは、『全体性と無限』第四部において「愛撫」を介した他者とのセクシュアルな関係を、「「他者」が他性を保持しながらも欲求の対象として現れうる可能性」あるいは「他者を享受＝享楽する（jouir）可能性」と呼んでいた（TI：458/285）。さらに、同著において「享受＝享楽」を論じる文脈で、レヴィナスは、「欲求」のありようを「かぶりつくこと（mordre）」と特徴づける（TI：204/121）。つまり、彼にとって、「欲求」や「享受＝享楽」から特徴づけられる他者とのセクシュアルな関係とは、口唇的領域をめぐって展開されるものなのだ。そして、ここで想起したいのが、初期レヴィナスが「エロティシズムの食人的世界」（CE3：52/51）や「「食べること」の模擬行為」（EE：88/66）といった口唇的領域からセクシュアリティを論じていたことだ。「キスや噛みつき（morsure）」（EE：88/66）のような概念から展開されていた初期レヴィナスにおける口唇的セクシュアリティの枠組みは、中期レヴィナスにも引き継がれているのである。

この『全体性と無限』における「享受=享楽」としての口唇的セクシュアリティは、初期の観点からの逸脱をも示している。そこで、初期レヴィナスにおいて、口唇的セクシュアリティが「根本的で、消し去ることのできない飢え」という満たされない欲望として特徴づけられていたことを想起したい。これに対して『全体性と無限』における「享受=享楽」概念は主体を満たす「糧」の経験と同一視される（cf. TI：191-198/112-117）。すなわち、「他者を享受=享楽する可能性」としての口唇的セクシュアリティとは、「糧」が自己を満たすかのように、他者によって自己が満たされる同一化に関するものなのである。それは、同著によれば「他なるものの「同」への変容」（TI：192/113）となるだろう。初期においては「「食べること」の模擬行為」と見なされていた口唇的セクシュアリティは、中期へと至ってまさにその「食べること」そのものと同一視されることになる。中期において、口唇的セクシュアリティ、ひいてはクィアなセクシュアリティは自他の混ざり合いという〈同質性〉から記述されることになる。

『全体性と無限』において「愛撫」は「飢え」としても特徴づけられるのだが（TI：462/288）、「飢え」は享受=享楽することのできない倫理的な他者との関係性を議論する文脈において強調されており（TI：39-41/21-23）、同著の「愛撫」概念は、「飢え」の側面を持ちつつ、「糧」として他者を享受=享楽する視点を同時に有しているといえる。本書は、このような「愛撫」概念の両義性のうち、これまであまり強調されてこなかった他者との混ざり合いという側面を解明するものである。

確かに、このような同質性の観点は、他者との差異から倫理を論じるレヴィナス思想において例外的なものとして映るだろう。事実、『全体性と無限』は「他者の根本的な異質性」（TI：45/25）を強調している。だが、このような中期のセクシュアリティ論に見られる逸脱は、レヴィナス思想に通底するものである。中期から強調されるようになる〈同質性〉を通じたクィアなセクシュアリティの観点は、中期から後期に至るレヴィナスのセクシュアリティ論の隠れた主題なのだ。

そこで第Ⅲ部では、後期レヴィナスのテクストの読解を通じて、プルースト的セクシュアリティと口唇的セクシュアリティが、自他が混ざり合うような同質的でクィアなセクシュアリティに開かれることを論じたい。さらに、繁殖性概念からすり抜ける『全体性と無限』のクィアな文脈の読解を通じて、このようなセクシュアリティが中期レヴィナスにも見出されることを示すことになるだろう。

第III部　レヴィナスをクィアな生／性へ開く——レヴィナスにおけるクィアな読解可能性

レヴィナス自身に抗してレヴィナスを読んでみよう。あるいは、彼が切り開く政治的可能性、彼が決して意図しなかった政治的可能性に向けて、彼を読んでみよう。

——ジュディス・バトラー『アセンブリ』(1)

本部の目的は、『全体性と無限』以降の一九六〇年代からレヴィナスが死去する一九九五年までの後期のテクストをクィア・リーディングすること、またそのクィア・リーディングを起点として中期のテクストを読み直すことにある。それにより、彼のセクシュアリティ論が、自己と他者が混ざり合う同質的でクィアな構造を指し示すことを見てゆく。〈同質性〉という観点を通じてレヴィナスのセクシュアリティ論をクィアに読解することにより、他者との「差異」、「異質さ」から論じられてきた彼の思想の全く異なった側面が明らかになるだろう。

本部は三章構成で展開する。まず、第五章では、主に一九七四年の『存在の彼方へ』を中心とした老化論と『失われた時を求めて』の読解から、第二章と前章で指摘したレヴィナス思想におけるプルースト的セクシュアリティを具体化する。そこから、彼の後期老化論が、繁殖性概念の規範性から逸脱することを示す。

続く、第六章では、『存在の彼方へ』における愛撫論に、異性愛・シスジェンダー中心主義に還

(1) バトラー(2015=2018:141)。

元されない同質的でクィアなセクシュアリティが潜在していることを、ベルサーニのクィア理論を通じて論じる。そしてここから、セクシュアリティを暴力的なものとして記述する後期レヴィナスに逆らって、この愛撫論のうちに他者と肯定的に繋がるセクシュアリティを見出す。

本書最終章となる第七章では、第六章で見出された後期愛撫論における同質的なセクシュアリティの観点を、レヴィナスの中期テクストからも引き出すことを試みる。そこでは、一方で、自他の「分離」を前提とする『全体性と無限』のシナリオに逆らって、同著第四部のセクシュアリティ論が同質的なセクシュアリティを論じていることを示し、他方で、その第四部で主題化される繁殖性概念から逸脱する文脈に注目することで、その文脈のうちから自他の混ざり合いに基づいたクィアな自己変容の構造を描き出す。さらにこの章では、当事者の語りの分析を通じて、レヴィナス思想が、単なる理論に留まるものではなく、クィアな人々の現実の生／性と重なり合うものであることが明らかになるだろう。

後期レヴィナスを中心に本部が引き出すクィアネスは、突如として彼のうちで生じたものではない。第Ⅰ部から第Ⅱ部にかけて見てきたように、彼のテクストは初期から、口唇的セクシュアリティやプルースト的セクシュアリティという、規範性を逸脱する観点を断続的に提示していた。したがって、本部が焦点をあてるレヴィナスの記述に関しては、彼のテクストが初期から示唆し続けたクィアな読解可能性の展開として通時的に捉える。レヴィナス思想には通底したクィアな観点が存在するというのが、本書の大きな主張の一つである。(2)

とはいえ、後期レヴィナスにおいては、中期まで彼が持っていたセクシュアリティの観点に変化が生じている。その変化を追いつつ、本書が彼の後期思想に見出すクィアな読解可能性が、彼自身は顧みることはなかったものの、彼のテクストが予示していた可能性であるということを本部の内容に入る前に確認しておきたい。そこで、(1)後期レヴィナスが中期までの規範性を保持し続けていたこと、(2)彼がセクシュアリティを否定的に捉えていたこと、(3)その否定的な態度にもかかわらずある種のセクシュアリティの観点はテクスト上で展開され続けていたこと、この三点を論じたい。

まず、晩年においてもレヴィナスは、『全体性と無限』までに提示した規範性を放棄せず保持し続けていた。一九八一年のインタビュー『倫理と無限』においても彼は、「女性的なもの」概念や繁殖性概念を依然として擁護している(cf. EI : 79-91/57-65)。確かに、『倫理と無限』における繁殖性概念は、「父子関係は、生物学的な親子の繋がり抜きの人間同士の関係として、十分に理解することができる」(EI : 88/63)と、生殖関係に限定されないことが示唆されてはいる。この発言から小手川正二郎は、レヴィナスの繁殖性概念は「生物学的な親子の絆」から成り立つものではなく、「養子を育てること」にも当てはまると解釈している(cf. 小手川 2022 : 162-163)。しかし、ここにおける繁

(2) そのため、『全体性と無限』以降、こうした官能的なエロスの議論そのものは消えていく」(渡名喜 2024 : 212) と論じる渡名喜の解釈を本論は取らない。

殖性概念はそれまでと変わらず父と息子の家族関係に限定されており、この発言をもってレヴィナスが異性愛・シスジェンダー中心主義といった彼のテクストの問題を自省していたと解釈するのは困難だろう(3)。

次に、後期レヴィナスがセクシュアリティを否定的に捉えていたことを指摘したい。彼は後期著作の中で、「エロスなき愛」や「非エロティックな、あるいは肉欲なき欲望」といった概念を頻繁に用いるようになる(ex. EN：146/121；DMT：250/207)。そこには、セクシュアリティと倫理を峻別し、前者を否定的に捉えようとする彼の態度が見られる。例えば、『存在の彼方へ』において彼は、「快楽は他者に対する責任から分離されており、愛も既に「法」から分離されている」と論じている(AE：393/271)。「快楽」や「愛」というセクシュアリティのありようは、「他者に対する責任」や「法」と呼ばれる倫理の水準から切り離されるのだ。第一章で指摘したように、ジアレクは、この後期レヴィナスの態度を、セクシュアリティを「格下げ」するものとして批判している(cf. Ziarek 2001：92)。後期において彼は、初期から中期にかけて様々な仕方で論じていたセクシュアリティという主題を周縁化させてしまっている。

しかし、後期レヴィナスは、全面的にセクシュアリティの観点を放棄したわけではない。というのも、一九八二年のインタビューにおいて彼は、「セクシュアリティが重要な哲学的問題であることを否定するつもりはない」(EN：161/131)と語り、序文で触れたように、一九八八年のインタビューでも、セクシュアリティに関する「さらに探求すべき展望」(EN：326/258)を示唆しているのである。

確かに、これらの言及は『時間と他なるもの』や『全体性と無限』のセクシュアリティ論を回顧しつつなされたものであり、中期までの規範的なセクシュアリティ観から逃れられているわけではない（cf. EN : 161/132 ; EN : 326/258）。だが、序文と同じくここで繰り返し強調しておきたいのは、これらのインタビューが行われた一九八〇年代のフランスでは、フーコーが『セクシュアリティの歴史〈1〉』を刊行して以降セクシュアリティが哲学概念として主題化される一方で、エイズ危機が顕在化していたということだ。そして、一九八八年のインタビュー時には、フーコーはエイズで既に亡くなっている。こうした当時のレヴィナスを取り巻く思想的状況、ひいては社会的状況を踏まえたとき、八〇年代に彼がセクシュアリティについて言及することを、素朴な自己回顧としてのみ受け取ることはできないだろう。

加えて、後期レヴィナス自身は表立ってそうした論述を行っていないが、彼のテクストにおいては、八〇年代のアクチュアルなセクシュアリティの問題を引き受けることが可能である。例えば、『存在の彼方へ』において、同著でエロス概念が否定されるにもかかわらず、愛撫概念は次のようにクィアに展開されている。

（3）実際、一九七七年の『タルムード新五講話』においては「顔の彼方」、「性的差異の彼方」に「息子を媒介とする他者との関係」が位置付けられている（DSAS : 205/144）。

愛撫とセクシュアリティのうちには、接触の「エスカレーション」がある。こういうと、接触にまるで段階があるかのようだが、「エスカレーション」する接触は内臓同士の接触にまで至る。皮膚が別の皮膚の中に入り込むのだ。

(AE：415/19)

このような愛撫の記述には、「エスカレーション」として展開されるような、後期レヴィナスが方法論の一つとして提示した「誇張法」が導入されている。この「誇張法」とは、ジャコブ・ロゴザンスキーによれば、「経験を、あたかもそうした極端な状況にすでに直面している——あるいは絶えず直面しているはずである——かのように記述すること」であり(Rogozinski 2011：255/123)、その記述は、比喩ではなく、「文字通りに理解する必要がある」(Rogozinski 2011：254/121、強調原典)。前述の記述で言えば、愛撫を「内臓」や「皮膚」にまで拡張される経験として捉える必要があるのだ。

第二章で論じたように、愛撫が「皮膚」にまで拡張されるとき、そこでは、ペッティングやアナルセックスのような経験が想定可能であり、異性間の生殖に依存していたレヴィナスの繁殖性概念の規範性は崩壊する(つまり、後期レヴィナスの愛撫論は、彼の規範的な観点から文字通り「エスカレーション」しているのだ)。そして、ベルサーニがエイズ危機に応答して一九八七年に「直腸は墓場か?」を記したように、アナルセックスをなすクィアな身体性は、八〇年代のエイズ危機においてもアクチュアルなものだった。後期レヴィナスが残したテクストはそれ自体として、セクシュアリティに関するアクチュアルな問いに応答しうるものなのだ。

このように、後期レヴィナス自身は中期までの規範的な観点を放棄せず保持し続け、同時にセクシュアリティの存在をある面で周縁化しているが、そのテクストには、規範的な観点から逸脱するクィアな読解可能性を見出すことが可能である。言い換えれば、本部は、後期レヴィナスの表面的な意図に逆らって（queer）、テクストの内部にあるクィアネスを斜めに（slantwise）読むものである。

なお、従来の研究（cf. Chalier 1982=2006；Gunther 2006；中 2015）とは異なり、本書は後期レヴィナスの「母性（maternité）」概念を、『全体性と無限』のセクシュアリティ論の刷新として解釈することには限界があると考え主題化しない。この母性概念は、一九七四年の『存在の彼方へ』において、ある種の倫理概念として提示されている。同著によれば、「母性において、他者たちに対する責任が意味される」（AE：184/121）。常に既に子どもという他者の存在を孕んでしまっているという意味で、後期レヴィナスは「母性」を倫理的関係を象徴するものとして扱う。この母性概念には、セクシュアリティ論の観点から見て少なくとも二点の問題がある。

第一に、『存在の彼方へ』においてレヴィナスは、彼が論じる倫理の構造と「母乳が新生児の本能のうちに吸引運動を刻印しうる」（AE：211/140）ことを峻別しており、授乳という具体的な母子関係の経験を、倫理から切り離している。つまり、必ずしもレヴィナスは、母性概念を具体的な女性の生殖、生育経験を論じるものとは見なしておらず、そのため、セクシュアリティの文脈から解釈するには限界がある。

第二に、母性概念は、初期からレヴィナスに見られた規範性を逃れられていない。まず、母性概念は、第一章で論じた「女性的なもの」概念と類似する観点から提示されている。というのも、「母性的諸連関」は、「養うこと、服を着せること、住まわせること」という私的領域に限定されているのだ（AE : 187/124）。加えて、『存在の彼方へ』においては、母性から論じられていた倫理の構造は、最終的に「兄弟関係」（cf. AE : 270-271/184）を軸とした関係性に移し替えられている。サンドフォードが指摘するように（cf. Sandford 2000 : 91）、「母性」のような女性の観点に「兄弟関係」のような家父長的観点が取って代わる仕方は、『全体性と無限』の「女性的なもの」とのセクシュアルな関係が父、息子、兄弟を主体としたホモソーシャルな関係に取って代えられる仕方と酷似している。

以上の理由から、本書は、母性概念を後期レヴィナスのテクストをクィアに読解する上で必要な概念として主題化しない(4)。これらを念頭に、後期レヴィナス思想の具体的な検討に移るとしよう。

(4) 以上の本書の主張に対して、レヴィナスは「母性」を比喩概念として用いるのであって、現実の女性に「養うこと、服を着せること」といった家庭内の役割を割り振っているのではないとの反論が予想される。しかし、(1) このような反論を受け入れるのなら、後期レヴィナスの母性概念を具体的なセクシュアリティ概念と解釈することは成り立たなくなり(したがって、本書は母性概念を主題としない)、(2) この反論のロジックの内部では、なぜ彼が「養う」のような中立的な概念ではなく、「母性」というセクシュアルな概念を用いたのかを説明することができない。第一章で論じたように、セクシュアリティを「女性的なもの」のような概念から論じることは中立的な理論ではなく、男性中心主義のような規範性を伴うものである。

第五章　老化における「最後の繋がり」
――後期レヴィナスのプルースト的セクシュアリティ

私たちは、死に意味を与えるような責任および愛着をもつことができる。なぜなら、そもそもの初めから、「他者」は私たちの意に反して私たちを触発しているからだ。

――『存在の彼方へ』(1)

本章では、後期レヴィナスの老化論が、初期から彼のテクスト上に現れていたプルースト的セクシュアリティの観点から具体的に理解可能なことを論じる。それにより、後期レヴィナスの記述が、彼のセクシュアリティに関する規範性を逸脱することを示したい。彼の特異な老化論は、プルーストの語りを介することでリアルなセクシュアリティの経験として浮き彫りになるだろう。そこで明らかになるのは、孤独に老化することが、愛した他者と繋がる契機となる仕方である。

そこでまず第一節では、主に『存在の彼方へ』から、レヴィナスの後期老化論の枠組みを概観する。続く、第二節では、この老化論と、彼の初期プルースト論との交錯を論じる。そして、第三節では、この老化論が、『失われた時を求めて』におけるセクシュアルな関係性の描写から具体的に解釈できることを証明する。

1　後期レヴィナスにおける老化論の構造

前章で論じたように、中期レヴィナスにおいて老化は既に主題化されていた。そこにおいて老化は、老年期に限られた現象としてではなく、〈衰えてしまっている〉という不可逆な事実性として論じられていた。しかし、『全体性と無限』において、このような老化は、繁殖性が象徴する「若さ」によって「可逆的に」乗り越えられるべき「障害」と見なされ、そこにはクィアな人々の存在を周縁化してしまうような健常主義の観点が現れていた。

このような健常主義に逆らうかのように、『全体性と無限』以降の後期レヴィナスにおいて、老化は積極的に引き受けられるようになる。(2) 彼は後期に至って、老化を肯定的に論じるようになるのだ。そこで、この点を端的に示す、一九七七年の「問いと応答」の一節を引用したい。

(1) AE：298/205.
(2) この点に関しては熊野（1999：162b）をも参照。ただし、『全体性と無限』の老化の記述と『存在の彼方へ』の老化の記述に通時的な観点を見出す熊野の解釈を本書は取らない。

それに反して、私の方法論においては、［…］人間性へのアプローチから出発する。この人間性は、単に世界に住まうものではなく、世界において老化してゆくもの、対立とは違う仕方で世界から身を引くもの、つまり老化の受動性によって世界から身を引くようなものである（老化は、おそらく、判断としての否定に基づいて死について考えさせる代わりに、死それ自体に意味を与える退去である）［…］。

（DQVI：173/141、強調原典）

この引用が示唆しているのは、老化が「死それ自体に意味を与える退去」と見なされているように、後期レヴィナスが、老化し衰える存在を健常主義的に排除せず、その存在に積極的にアプローチしようとしていることである。「老化の受動性」は、後期の彼にとって、「障害」として周縁化されるべきものではなく、「人間性」そのものなのだ。では、彼の後期老化論とはどのようなものなのだろうか。

論点を先取りすれば、後期レヴィナスが提示する老化の構造とは、孤独に老化することで生きられる身体的苦痛が、セクシュアルな繋がりの契機となるというものである。これは極めて特異な構造であるといってよいだろう。なぜ、老化がセクシュアリティと結びつくのだろうか。なぜ、老化の身体的苦痛が関係性を浮き彫りにするのか。そして、老化し孤独であることはどのようにすれば関係性の契機となるのか。私たちはこういった問いに直面せざるを得ない。

これらの問いに答える前に、まず本節以下では、『存在の彼方へ』を中心に論じられる後期レヴィナスの老化論を、「不可逆性」、「関係性」、「孤独」の三点に分けて概観し、この特異な老化論の枠組みを解きほぐす手がかりを得たい。

老化の不可逆性

まず、次の記述から、後期レヴィナスも、『全体性と無限』と同じく「不可逆性」という点から老化の時間構造を捉えていることを確認しよう。

> 忍耐として成されるこの総合——これは深淵に受動的総合と呼ばれるが——、この受動的総合は老化である。この老化という受動的総合は歳月の重みで炸裂し、また不可逆的に、現在から、言い換えるなら表象＝再現前化から引き離される。（AE：133-134/88、強調原典、傍線は引用者）

後期レヴィナスは、中期と同じように、老化の時間構造を「不可逆的」なものと捉えている。老化とは、可逆的に引き戻すことができないような経験なのだ。加えて、この老化の不可逆性は、「表象＝再現前化」によって現在に回収されることのない受動的な触発（「老化という受動的総合[3]」）と

（3）前述の記述でレヴィナスは老化を「受動的総合」と呼ぶが、フッサールが論じるところのそれから、レヴィナス自身は意味をずらして用いている（cf. EN：203-204/163-164）。

して生きられるものと見なされている。言い換えれば、レヴィナスにとって、老化が不可逆なものとして経験されることは、その老化を経験する主体によって能動的に捉えられるのではなく、その主体が受動的に経験することなのだ。彼はその後期において、中期と同じく老化を不可逆性から捉えつつ、そこで生じる何らかの受動的触発を際立たせようとした。不可逆に老化することとは、私が受動性にさらされることである。

さらに、このような老化の「不可逆性」を、後期レヴィナスは「隔時的」あるいは「隔時性」といった言葉で言い換えている。ここでも強調されているのは、老化を可逆的に取り戻すことができない仕方である。

> 想起あるいは歴史による表象＝再現前化によっては回収不可能な隔時的過去、言い換えれば、現在と同一単位で計ることのできない隔時的過去に照応、あるいは呼応しているのは、引き受け難い自己の受動性である。「過ぎ去る」を含意する「se passer」という表現は有用な表現である。そこで、自己は「能動的総合」なき老化のように自己を過ぎ越した過去のうちで描かれる。（AE：49-50/30、強調原典、傍線引用者）

レヴィナスは、老化において主体が経験する受動的な触発を（「「能動的総合」なき老化」）、過去を現在において取りまとめるような認識経験に回収されることのない不可逆な過去の出来事――「隔時的過去」として捉えるのだ。実際、「時間［…］が隔時性であり、私と関わるのは、記憶による回収を超えた老化としてである」（AE：134/88）と語られるように、老化はこのような不可逆な「隔時的過去」が現実に生きられる経験と見なされている。後期レヴィナスは、中期とは異なって、老化の不可逆性を乗り越えるような観点を提示することなく、その不可逆性に内在した観点を引き出そうとしている。

老化における関係性

では、このような「隔時的過去」とは、具体的にどのようなものなのだろうか。老化の不可逆的な時間を生きることとは、具体的にどのような経験として論じられるのだろうか。そこで後期レヴィナスが主題化するのは、ある種の他者との関係性である。彼によれば、不可逆な老化を生きることは、誰かとの繋がりを生むという。

> 誰が不在であろうと、何者かであることを呼びかけられ、しかも回避不可能な仕方でそう呼びかけられる者、それが主体である。［…］老化という隔時的時間性としてのこの主体の存在者の存在の形をとって、呼びかけへの応答は、自我の意思に反して、生じる［…］。
>
> （AE：136/90、強調原典）

レヴィナスは、「老化という隔時的時間性」において、「呼びかけ」(とその「応答」)という他者からの受動的触発(「回避不可能な仕方でそう呼びかけられる」)が生じると見なす。つまり、彼は、老化が不可逆的なものとして生きられるとき、そこに何らかの受動的な他者との繋がりが生じると考えるのだ。老化は誰かと繋がるための経験となる。奇妙な主張だが、一貫して彼は、『存在の彼方へ』において、老化を対人関係の核として論じている(cf. AE : 134/88, 136-138/90-91, 141/93)。

では、老化はどのような他者と繋がる経験なのか。そこで、後期レヴィナスが、老化の関係性を、「近さ(proximité)」と言い換えている点に注目したい。彼によれば、「老化の忍耐のうちで、近さの忌避できなさは現れる」(AE : 137/69)。彼の後期思想において、この「近さ」は多義的に提示される概念で、一方で、字義通りの空間的な接近、接触を意味し、他方で、他者との時間的な隔たりが強調される関係性を意味する。後期老化論の文脈では、特に後者の意味に重きが置かれている。つまり、老化における「近さ」とは、空間的な接近ではなく、時間的な隔たりを含んだ他者との結びつきなのである。この関係性の構造を具体的に捉えるために、一九六七年の論文「言葉と近さ」における次の記述を参照したい。

> だが、もろもろの事物に触れていた手たち、存在者たちによって踏み固められた場所[…]書きとめられた言葉たち、名残の品々、遺品たち、こうしたあらゆる事物へ向かって、人間の顔と皮膚を起点として、柔らかさが広がる。すなわち、認識は近さへと、純粋に感覚的なもの

へと回帰する。世界内で対象と道具として資格付けられた物質は、人間性を介することで〔その場合〕、その近さによって私に憑りつく物質でもある。

（EDE：335/318）

「名残の品々」や「遺品たち」という言葉が示すように、過去に存在した他者との事物を介した時間的な隔たりを含んだ関係性が「近さ」なのだ。そして、その「近さ」は、「私に憑りつく」と言われており、主体がこの他者によって受動的に触発されることで生じるものである。それは例えば、フラッシュバックのように、自分から何かを思い出すのではなく、事象に触発させられて過去の出来事（ここでは過去に存在した他者との関係性）が浮かび上がってくる現象であるといえる。したがって、老化において生きられる関係性とは、過去に存在した他者との繋がりが主体の意志に反して浮き彫りになる経験によるものなのだ。

ところで、レヴィナスは、このような経験を、以下のように身体的苦痛を介して具体化する。

他者への曝露は〔…〕近さであり、隣人による憑りつきである。〔近さという〕隣人による憑りつきとは、自己に反した憑りつき、つまりは苦痛である。〔…〕〔この苦痛とは〕身体的と言われる苦痛に感応する身体性、侮辱と傷に、病と老化にさらされた身体性のうちに蓄積される逆行性である〔…〕。

（AE：141/92-93、強調引用者）

このように「近さ」における受動的な触発（「近さ」としての「憑りつき」）は、「傷」や「病」といった「身体的苦痛」から具体的に生きられるものとして論じられている。つまり、老化における他者との関係性は、ある種の身体的苦痛を介して顕在化する。確かに、ここで「身体的苦痛」という言葉によって、後期レヴィナスが実際にどのような経験を意図しているのかはつかみづらいところがある。だが、それが「老化」と表現されていることを考慮するのならば、老化し衰えることで生きられる身体的苦痛だと推察できる。中期に論じられた老化が身体的な時間構造だったように、後期においても老化は身体化された経験として記述されている。したがって、彼は、老化し衰えたことで経験されるような身体的苦痛を通じて、老化の関係性の構造を具体化しているといえる。老化において他者との繋がりが受動的に浮き彫りになると見なされるのも、老いを介した痛みによってその繋がりがあらわになるからだ。

ではなぜ、老化し痛みを感じることで、過去に存在した誰かと結びつくことができるとレヴィナスは考えるのだろうか。どのようにすれば身体的苦痛が、誰かと繋がる契機となるというのだろうか。本書は、このように関係性が浮き彫りになる仕方が、『失われた時を求めて』の描写から理解可能であることを示す。だが、この点に取り掛かる前に、後期レヴィナスが論じる老化の「孤独」の側面についても見ておきたい。そこから、彼が論じる老化における関係性が、「セクシュアリティ」の水準において、主体の「孤独」を通して生じる逆説的な結びつきであることが明らかになるだろう。

老化の孤独

後期レヴィナスは老化を「孤独」と特徴づけている。老化する主体が「孤独」であるというのは、素朴な見方のようにも見える。あらゆる存在が老いるが、老化をリアルに経験するのは他の誰でもないこの私なのだから、老化とは孤独な経験だろう。しかしながら、そこでは「孤独」の通常の意味を超えた経験が想定されている。そこで、少し論を迂回して、後期レヴィナスの老化論が、初期レヴィナスの孤独論と繋がる接点に目を向けてみたい。

『存在の彼方へ』では、「老化にさらされた身体性に蓄積される逆行性」は、「身体の基本的な諸々の努力に伴う疲労」と共に生じると語られ（AE：141/93）、そこに付されたレヴィナスの註は、初期著作である『実存から実存者へ』における「疲労と瞬間」という節を参照している（cf. AE：424/93）[4]。つまり、老化の身体経験における受動性（「逆行性」）は、疲労を通じて生じるものと見なされ、その記述は『実存から実存者へ』の疲労に関するテクストをモデルとしているといえる。では、『実存から実存者へ』は疲労をどのように論じているのだろうか。この点を明らかにすることで、後期の老化概念がより明確にあらわになるだろう。

この『実存から実存者へ』の「疲労と瞬間」という節で論じられる疲労の構造は、次のような主

（4）なお、『存在の彼方へ』の別の老化の記述においても『実存から実存者へ』の全く同様の節が参照されている（cf. AE：424/91）。

体の「孤独」の経験をなしている。

しかし、疲労が存在への断罪だとしても、それはまた硬直であり、枯渇であり、生き生きとした源泉との断絶である。〔疲労した〕手は、持ち上げている重みを放棄することはしないが、自分自身へと遺棄されているように、自分自身しか当てにすることができない。それは自家発生の（*sui generis*）遺棄だ。それは、世界から見捨てられもはやその歩みにつき従うことのできない存在の孤独ではなく、言ってみれば、もはや自己に従わず、自己から切り離され──「自我」の自己に対する脱臼のうちで──、瞬間において自己と重なり合うことができないまま、なおその瞬間のうちに永遠に拘束されているそんな存在の孤独である。（EE : 65-66/50、強調原典）

『実存から実存者へ』といった初期著作における孤独の経験は、第二章で見たように、自己へと回帰する自閉的な構造であった。しかし、右の疲労における孤独の記述には、繁殖性概念に対置された自閉的な構造に還元されない論点が示されている。それは、自己の内部に何らかの亀裂（「脱臼」）が入る構造としての孤独の経験である。

後期レヴィナスは、老化の記述から右のような疲労の記述に立ち返ることで、中期までは繁殖性概念を通じて〈乗り越えるべきもの〉としていた主体の孤独を主題化しながらも、そこに自閉的な構造ではなく、むしろ自己の内部に亀裂が入るような経験を見出しているといえる。老化し孤独になることは、自己に閉じるのではなく、自己が何らかの仕方で開かれることだと見なされるのだ。では、この〈亀裂〉とは何を意味するのか。本書はこの〈亀裂〉を、主体が他者に開かれる経験であると解釈したい。なぜなら、レヴィナスにおいて、孤独は主体が他者と繋がる契機と見なされているからだ。逆説的だが、彼にとって、孤独に老化することは、主体を孤立させない経験へと開くことなのだ。

事実、レヴィナスは孤独を関係性の契機、しかもセクシュアルな関係性の契機と捉えている。というのも、先の『実存から実存者へ』の「孤独」の記述と同時期に執筆されたプルースト批評において、初期レヴィナスは、「孤独」の経験から死したアルベルチーヌと「愛」や「エロス」というセクシュアルな仕方で繋がる関係性を論じているからだ（NP：162-165/122-123）。また、一九四八年の『時間と他なるもの』においても「苦しみによる自らの孤独の痙攣に至り、死との関係性に至った主体のみが、他なるものとの関係が可能になる領域に身を置く」と語られ、その「他なるものとの領域」は「エロス的関係」に据えられている（TA：275/64）。そしてさらに、この孤独の中でセクシュアルに他者と繋がる仕方は、後期においても示唆される。レヴィナスは、一九八四年の「アルフォンス・ド・ヴェーレンスの思い出に――感受性について」の中で、「苦痛の具体性としての孤独と遺棄」において他者と繋がる仕方を論じるのだが、その他者との結びつきの具体例として、「エロス的なものの可能性」を取り上げている（HS：187-188/170）。レヴィナス思想において、孤独は他者とセクシュアルに繋がる契機として特徴づけられるのだ。彼は、孤独に老いることが、逆説的にも、セクシュアリティの水準において、主体を孤立させず他者に開かれたものにすると考えていた。一般的には孤独になることは他者との繋がりが断絶することを意味するが、彼にとって、孤独は他者とのコミュニケーション、しかもセクシュアルなコミュニケーションを可能にする原動力として現れている。

まとめよう。後期レヴィナスの老化論の要諦は、孤独に老化することで生きられる身体的苦痛が、セクシュアルな繋がりの契機となる、というものである。繰り返しになるが、これは極めて特異な構造である。老化を通じて生きられるセクシュアリティとはどのようなものなのだろうか。老化の身体的苦痛が、なぜ他者との関係性に開かれたものと見なされるのか。そして、なぜ老化し孤独になることが、主体を孤立させない経験へと導くのか。このような老化の特異な構造とは、具体的にどのようなものなのだろうか。そこで次節と第三節では、この後期レヴィナスの老化論が、『失われた時を求めて』の描写からリアルなものとして立ち現れてくることを示したい。

2　レヴィナスのプルースト論再読――老化をめぐって

本節では、主に初期レヴィナスのプルースト論の再読を通じて、彼のプルースト論が後期老化論と連続した主題に至ることを論じたい。初期からレヴィナス思想に見られたプルーストの観点には、ある種の老化の経験に収斂してゆく側面がある。

そこでまず、一九四七年のプルースト批評において、初期レヴィナスが、「他者の死」からプルースト的セクシュアリティを主題化していたことを想起したい。

アルベルチーヌの無が、彼女の全面的他者性をあらわにするのだ。自己の孤立した死にこだわる現代哲学に反して、死、それは他者の死である。他者の死だけが、失われた時を求める探求の交差点に位置している。けれども、日々の、ありとあらゆる瞬間での他者の死、他者をそれ自身に引きこもらせるこの死は、人々をコミュニケーション不可能な孤独のうちに投げ捨てるのではない。まさにこの他者の死こそが、愛を培うものなのだ。その存在論的な純粋さにおいて、〔この〕エロスは〔…〕拒否しつつも自らを与えるものとの、他者である限りでの他者との直接的関係、神秘との直接的関係に由来するのである。（NP : 162-163/122、強調引用者）[5]

アルベルチーヌという「他者の死」との関係性を、初期レヴィナスは「愛」や「エロス」というセクシュアリティの観点から主題化している。言い換えれば、彼は、プルースト的セクシュアリティを、過去に存在した他者――死したアルベルチーヌとの関係性から捉えようとするのだ。レ

（5）ここでアルベルチーヌとの関係が「神秘」と形容されていることと、その問題からのこの記述の逸脱に関しては本書第二章を参照。

ヴィナスにとってプルーストにおけるセクシュアリティという主題は、死したアルベルチーヌとの繋がりによるものである。

そして、このような死したアルベルチーヌとのセクシュアルな繋がりは、ある種の「苦痛」を介して生じるものと見なされている。そこで、前述の批評と同時期に記された捕囚手帳の次の一節を参照したい。

プルーストのこれほどまでに巨大な作品は、次の二つの主題に行き着く。それは消え去って、死したアルベルチーヌと峻別することができない、囚われ所有されたアルベルチーヌである。アルベルチーヌとの結びつきをなすのは、マルセル〔主人公〕の苦痛である〔…〕。(CE1 : 172/145)

「消え去って、死したアルベルチーヌ」との、愛やエロスを含意する「結びつき」は、ある種の「苦痛」によって生じると語られている。(6) つまり、何らかの「苦痛」を介した経験から、レヴィナスはプルースト的セクシュアリティを捉えようとしているといえる。彼は、「苦痛」が過去に存在した他者と繋がる起点となると考えるのだ。「苦痛」を通じて『失われた時を求めて』の主人公は死したアルベルチーヌへの「愛」や「エロス」を生きる。

では、レヴィナスは「苦痛」という言葉でどのような現象を語ろうとしているのだろうか。

「苦痛」と訳したフランス語の tourment それ自体は、初期レヴィナスのテクストに用例を見つけることができない。だが、捕囚手帳を一つのベースとして書かれた戦後の『実存から実存者へ』や『時間と他なるもの』において、レヴィナスは徹底して身体的苦痛に目を向けている（cf. EE : 38-68/25-52 ; TA : 266-267/55）。そのため、先の捕囚手帳での「苦痛」への言及もまた、このような身体的苦痛への初期レヴィナスの眼差しの一つとして解釈することができるのではないだろうか。彼は、ある種の身体的苦痛を通じて『失われた時を求めて』の主人公がアルベルチーヌと結びつく仕方を論じようとしたのではないか。

加えて、前節でも触れたように、初期レヴィナスは、死したアルベルチーヌとのこのような関係性が、彼女と離別した主人公の孤独の経験において生じると論じていた。

マルセル〔主人公〕の愛の物語は、この愛の一貫性そのものを問い質すべく定められたかに見える数々の告白によって裏打ちされている。しかし、この愛ならざるものこそが愛であり、把持不可能なものとの闘いが所有であり、アルベルチーヌのこの不在が彼女の現存なのである。〔アルベルチーヌの不在という〕この点で、プルーストにおける孤独という主題はある新たな意

（6）また、第二章で指摘したように、一九四七年のプルースト批評においては、このようなプルースト的苦痛において重要なことは「自我が〔苦痛のような〕内面的出来事をつかみながらも、あたかも他者のうちで内面的出来事と出会うかのように、その内面的出来事によって自己が攪乱される仕方」だと語られており（NP : 161/121）、後期レヴィナスの老化論と同じく主体が瓦解するような苦痛が問題となっていることが分かる。

味を獲得する。孤独という出来事の本義は、それがコミュニケーションへと反転するという点にあるのだ。

（NP：165/123）

このように、主人公にとって「不在の」（＝死した）アルベルチーヌに対する「愛」という関係性（「コミュニケーション」）は、その「孤独」において生きられると見なされる。初期レヴィナスは、他者とのセクシュアリティの水準での繋がり合いが、逆説的にも、主体が孤独になったことで生じると考えるのだ。ここで彼は明らかに、対面で出会うことを前提とするような通常の意味での「コミュニケーション」とは異なった現象を語ろうとしている。他者と隔絶するはずの「孤独」や対面不可能な死者の「不在」が、どのようにすればある種の結びつきを生むのか。このような矛盾を含んだレヴィナスの記述を解釈するためには『失われた時を求めて』のテクストそれ自体を参照する必要があるが、その前に「老化」という観点が初期プルースト論においても垣間見られることを指摘したい。

重要なことに、初期レヴィナスは老化をプルースト的セクシュアリティと結びつけている。そこでまず、一九四〇年代の捕囚手帳でレヴィナスが引用している、『失われた時を求めて』の「逃げ去る女」における次の一節を参照したい。

アルベルチーヌの現前によってすっかり安心してしまっており、彼女が出てゆくのは私が決めるいつかであって、つまり存在しない時間のなかに位置づけられたまだ確定していない日だとしか考えられていなかった。したがって、私はただ、出発のことを考えたつもりになっていたにすぎない。ちょうど、元気なあいだ人びとは、死を考えても恐くないと思っているようなもので、その実こういう人たちは健康のただなかに純粋に否定的な観念を導入しているだけの話であり、死が近づけばまさにその健康自体が衰えてしまうことになるのだ。

(Proust 1925=1992：27/8)

この主人公の語りは、アルベルチーヌが彼のもとから逃げ去り、不在となった状況から発せられている。したがって、ここで彼は、「健康自体が衰えてしてしまう」ことを例えとして、アルベルチーヌと離別した自らの状況を語っている。

この語りを、初期レヴィナスは、「この病や老化とは、ある種の着想への肯定的な(そしてふさわしい)アクセスなのであり、これなしには、われわれは否定的な概念しかもちえないのだ」(Œ1：87/72-73)と分析する。すなわち、彼は、「健康自体が衰えてしまう」という主人公の語りを、例えではなく、「老化」に関する語りと解釈するのだ。そして、この主人公の語りが、彼とアルベルチーヌとの関係性を言い表すものであった以上、初期レヴィナスは老化の観点から、主人公とアルベルチーヌとの関係性の構造をつかもうとしているといえる。実際、前章で見たように、レヴィナス思想における老化という主題は初期以降も、『失われた時を求めて』に依拠して断続的に提示され、そこでは主体が何らかの仕方で老化することが論じられていた（cf. TI : 507/314 ; EDE : 245/216）。さらに、一九七四年の『存在の彼方へ』においても、老化の観点が、『失われた時を求めて』の主題と接続されつつ、主体との関係から論じられている。

> 時間――それも回帰することなき失われた時（temps perdu sans retour）――が隔時性であり、私と関わるのは、記憶による回収を超えた老化としてである。（AE : 134/88）

後期レヴィナスは、老化の構造（「隔時性」）を、「回帰することなき失われた時」というプルースト的主題から捉えている。そして、そのような「回帰することなき失われた時」が、「私と関わる」、つまりそのような時間に主体がリアルに触発されるのは「老化」においてだと見なされている。後期に至っても、レヴィナスは主体を触発する老化の観点から『失われた時を求めて』を解釈しようとしているのだ。

さらに、ここでの老化を介した主人公とアルベルチーヌとの関係性は、初期レヴィナスにおいては、「愛」や「エロス」というセクシュアルなものとして特徴づけられていた。一般的に老化は欲望の減退として表象されるが、レヴィナスはそのような表象に抗うかのように、老化をセクシュアルな欲望に繋がるものとして捉える。中期とは異なり、あたかも老化は、欲望の障害になるどころか、その源であるかのようだ。

このような初期プルースト論の枠組みは、後期レヴィナスの特異な老化論と呼応しているように見える。というのも、初期レヴィナスは『失われた時を求めて』の主人公と死したアルベルチーヌとの間のセクシュアリティの契機として「苦痛」、「孤独」、「老化」という三点を挙げ、これらの論点は後期老化論の軸にもなっているからだ。後期レヴィナスにおいて、老化の経験とは、孤独な老化の身体的苦痛を通じて過去に存在した他者とセクシュアルに繋がる仕方であった。

では、プルースト的セクシュアリティの観点を、後期レヴィナスは引き継いでいるのだろうか。この問いに答えるために、初期レヴィナスの「近さ」概念と後期レヴィナスの「近さ」概念が、プルースト的セクシュアリティの文脈で重なり合うことを以下で指摘したい。この初期と後期の「近さ」概念を対比することで、初期プルースト論が後期老化論と交錯する接点が垣間見られるだろう。

後期レヴィナスにおけるプルースト的な観点が見受けられるのは、老化と『失われた時を求めて』を結びつける場面だけではない。ここで後期レヴィナスが、老化において他者と繋がる仕方を「近さ」と呼んでいたことを想起したい。『存在の彼方へ』において彼は、このような「近さ」を、彼が初期に論じていたプルースト的セクシュアリティと類似した観点から展開させている。つまり、後期の「近さ」概念は、セクシュアルな「近さ」に通底するものでもあるのだ。実際、後期レヴィナスはこの老化の「近さ」を、「現在なき快楽」や「他者を介してセクシュアルに享受＝享楽し苦しむこと」というセクシュアルな経験から具体化し、「他者」を「死」と結びつけている（cf. AE : 215-216/143-144）。すなわち、後期の「近さ」概念は、主体をセクシュアルに触発する「死者」との関係（「セクシュアルに享受＝享楽」、「快楽」）を含意し、この触発は充足することなく苦痛を伴う（「苦しむ」、「現在なき快楽」）ものと見なされる。そのため、老化の「近さ」という関係性には、死したアルベルチーヌのような不在の死者とのある種の苦痛を介したセクシュアリティが潜在されているといえる。このように、後期の老化の関係性を意味する「近さ」概念は、プルースト的セクシュアリティの観点を含意する側面を持つ。

翻って、初期レヴィナスは、死して不在となったアルベルチーヌと『失われた時を求めて』の主人公との間のセクシュアルな関係性を「近さ」と呼んでいる。後期に老化の文脈で扱われる以前から、プルースト的セクシュアリティの観点から彼は「近さ」を主題化しているのだ。そして、このような初期の「近さ」概念は、後期の「近さ」概念と構造的に重なり合っている。そこで、一九四七年のプルースト批評をこの点を踏まえて再度参照したい。

アルベルチーヌの無が彼女の全面的他者性をあらわにする。［…］まさにこの他者の死こそが愛を培うものなのだ。
［…］コミュニケーションの挫折は認識の挫折と見なされている。だが、その際、認識の成功がまさに他者の隣接を、他者の近さ（proximité）を消し去ってしまうという点は無視されている。同一化以下のものとして意味するどころか、近さはまさに社会的存在の領野を開き、私たちの友愛と愛の経験の総てをわき起こさせるのだ［…］。

愛が他者との融合であるとするのなら〔…〕、あるいは心穏やかに何かを所有することであるとするのなら、マルセル〔主人公〕はアルベルチーヌを愛してはいない。〔…〕マルセル〔主人公〕の愛の物語は、この愛の一貫性そのものを問い質すべく定められたかに見える数々の告白によって裏打ちされている。しかし、この愛ならざるものこそが愛であり、把持不可能なものとの闘いが所有であり、アルベルチーヌのこの不在が彼女の現前なのである。〔アルベルチーヌの不在という〕この点で、プルーストにおける孤独という主題はある新たな意味を獲得する。孤独という出来事の本義は、それがコミュニケーションへと反転するという点にあるのだ。（NP：162-164/122-123、強調引用者）

初期レヴィナスに従えば、死したアルベルチーヌとの「愛を培う」関係、つまり死者とのセクシュアルな関係が、「近さ」である。そして、このアルベルチーヌの「不在」（＝死）は、彼女の不在を再現前化させるものではない。そうではなく、「アルベルチーヌの不在」が「彼女の現前」の契機となる、言い換えれば、彼女と離別した主人公の「孤独」が、彼女と主人公の間の「コミュニケーション」、「愛の経験の総てをわき起こさせる」「近さ」を触発するのだ。[7] このような初期レ

（7）デリダが『触覚、』（2000）において『全体性と無限』の「エロスの現象学」の「核心」に「女性の死者」が存在することを示唆しているが（デリダ 2000=2006：169）、本章の議論はこの彼の解釈を具体化するものでもある。

ヴィナスによる「近さ」の記述は、老化における「近さ」という関係性を、孤独な苦痛を前提とする過去に存在した他者とのセクシュアルな関係性と見なす後期の観点と交錯する。初期プルースト論におけるセクシュアルな「近さ」は、後期老化論において示される他者とのセクシュアリティを予見したものとして解釈可能なものだ。そこでは、初期レヴィナスも後期レヴィナスも孤独に老いることの苦痛が、愛した誰かとの関係性を生きることに繋がると見なしているといえる。

初期と後期の「近さ」概念は、プルースト的セクシュアリティの文脈において重なり合う側面があり、そのため、後期レヴィナスの老化論は、初期から彼が断続的に展開していたプルースト論とある面で連続性を持つものと解釈できる。後期の老化論は、彼が『全体性と無限』における繁殖性概念に根差した健常主義の観点から隠蔽していたクィアな経験の顕在化に留まらず、初期から彼のテクストが示唆していたプルースト的セクシュアリティの可能性の展開として読み解くことが可能なのだ。

次節では、後期レヴィナスの老化論が、『失われた時を求めて』における描写を通して具体的に理解されることを証明する。孤独に老化することの身体的苦痛を起点として、セクシュアルな関係性が生きられるとされるこの特異な老化論は、プルーストの語りにおいてリアルな経験として現れることになるだろう。そして、ここから、後期レヴィナスの記述が、彼のセクシュアリティに関する規範的観点を逸脱することを明らかにしたい。

3　老化におけるプルースト的セクシュアリティ

『失われた時を求めて』の最終巻、「見いだされた時」における主題の一つは老化である。この作品の主人公は、作中で出会ってきた人々の老化を様々な仕方で目の当たりにすると同時に、自らの老化に直面することになる。(8)

私は子供の時以来、自分からも他人からも決定的な印象を受けとっていたくせに、その日暮らしでなりゆきに任せてきたが、このときはじめてそこにいるすべての人たちのうちに起こった変容によって、彼らに時が流れたことに気がついた。それはまた私にも時が流れたことを明らかにしていて、それが私を攪乱させた。彼らの老化は、それだけならどうでもよいけれども、私の老化が近づいているのを警告して私を悲しませるのだった。しかも私の近づく老化は、最後の審判の日のトランペットのように、数分おきで次々と告げられ、それが私を動揺させた。

(Proust 1927=1990：34-35/233)

(8) なお、この「見いだされた時」は、鈴木道彦によれば、プルーストが「三十歳代の終わりから四十歳代の初めまでに」構想されたものである（cf. 鈴木 2007：9）。それゆえ、プルーストが論じる老化は、一般に老年期と言われる生物学的な意味での老化に限定されることのない、だれもが生きうる「衰え」の経験と解釈できる。

まずは、このように主人公が自らの老化に直面しつつ語る、老化の時間構造に注目したい。彼は、老化（「過ぎ去った年月」）を時間の「身体化」と捉えつつ、その身体化においてある種の過去が顕在化すると語る。

［…］ただどんな単純な者でも、わたしたちが空間のなかに占めている場所を測定するように、「時」のなかで占める場所もおおよそ測定しているものなのだ。なぜなら、特別な明敏さを備えてはいない人たちでさえ、自分たちの知らない二人の男に出会ったとき、その二人がいずれも黒い口ひげを生やしていたり、またはきれいにひげを剃っていても、一方が二十歳くらいで他方は四十くらいの二人であることを言いあてるからだ。おそらくこうした推定が間違っていることもよくあるだろうが、それでも年齢をあてられると考えたのは、年齢を測定可能なものと見なしていることを意味している。事実、黒い口ひげの二番目の人物には、二十年の歳月が余計につけ加えられていたのである。

このように身体化した時間の観念、私たちから切り離されることなしに過ぎ去った年月の観念、それを私が今、こんなにも強く浮き彫りにしようとしているのは、現にこの瞬間にもゲルマント大公邸において、スワン氏を送ってゆく両親の足音が、また、いよいよスワン氏が帰っていてママンが二階に上がってくることを告げる門の小さな鈴の音が、この踊るような、金属

> 的な、いつまでもつづく甲高いさわやかな響きが、依然として私の耳に聞こえていたからだ。私が聞いたのは紛れもないその音そのものであるにもかかわらず、その音は遠い過去のなかに位置づけられるものだった。[…] あの鈴の音をもっと耳のそばで聞こうとすれば、私は自分自身の内部にふたたび下りてゆかねばならない。つまり、この鈴の響きは常にそこにあったのだし、また、その鈴と現在の瞬間との間には、無限に広がる過去全体、私が自分で負っているとも知らなかったこの過去があったのだ。（Proust 1927=1990：276-278/351-352、強調引用者）

「無限に広がる過去全体」という「私が自分で負っているとも知らなかったこの過去」は、「過ぎ去った年月」による老化として「身体化した」ときに初めて主人公のうちにあらわになる。つまり、プルーストは、能動的に想起される過去ではなく、主人公の身体が老化し衰えたときに初めて浮き彫りになるような過去について語っているのだ[9]。

次に、このような老化の経験からプルーストが引き出す関係性のありようを見たい。前述の引用に続いて彼は、老化という「身体化した時間の観念」における主人公とアルベルチーヌとの繋がりについて語っている。次の記述を読解するうえで注意すべきなのは、（1）この時点でアルベル

（9）実際、アントワーヌ・コンパニョンは『失われた時を求めて』における「無意志的記憶」を「知性の記憶に対置された身体的記憶」と呼んでいる（cf. El Makki, et al 2014：50/38）。

チーヌは死しており、過去に存在した他者となっていること、（2）彼女は、先の語りを参照すれば、主人公が老化したことで顕在化する過去において現れてくる存在だということである。

［…］人間の身体が、その身体を愛する人たちにこれほど多くの苦しみを与えることができるのは、それがこんなふうに〔「身体化した時間の観念」という〕過去の時間を含んでいるからであり、また実に多くの喜びと欲望の思い出を含んでいるからだ。その〔喜びと欲望の〕思い出は、当の身体からはすでに消え去っているにもかかわらず、愛する身体に嫉妬する男、その肉体の壊滅を願うほどに嫉妬する男、その身体を、時間の次元において見つめ、存続させる男にとっては、極めて残酷なものになる。こんなことを言うのも、死んでしまえば、「時」は身体から去ってゆき、思い出も——ひどく無関心な薄れた思い出になっていたとしても——いまは亡き女から去ってゆき、やがて男からも去ってゆくからだ。その〔喜びと欲望の〕思い出は、今でこそまだ男〔主人公〕を苦しめているが、生きた身体の欲望によって維持されることがなくなれば、男のうちでも死に絶えてゆくことになるだろう。私が眠っている姿を眺めた深遠なアルベルチーヌ、彼女はもう死んでしまった。（Proust 1927=1990：278-279/352）

主人公は、老化し衰えた身体において、死したアルベルチーヌという過去に存在した他者に対して「彼女はもう死んでしまった」と嘆くことができるような繋がりを生きる。そして、その繋がりは老化した身体を通じて主人公を「苦しめ」触発することによって生じている。

さらに、このアルベルチーヌとの繋がりを生み出す「苦しみ」は、セクシュアルなものである。主人公のアルベルチーヌへの愛に関して、「欲望は常に私たちとは正反対のものへと向かい、私たちを苦しませることになるものを愛するよう強いる」と書かれているように（Proust 1925=1992：401/191、強調引用者）、プルーストにおいて、主人公とアルベルチーヌとの間のセクシュアリティは苦痛を伴うものであった。実際、前述の引用でも、死したアルベルチーヌとの「苦しみ」と呼ばれる関係性は、「欲望の思い出」として語られていた。極めて特異ではあるが、プルーストは主人公の老化の経験が、何らかの仕方でアルベルチーヌへの「欲望」を湧き起こさせると考えるのだ。そのため、プルーストは、老化において、愛した他者との関係性が生きられる仕方を記述しているといえる。老化することで主人公は、アルベルチーヌとのセクシュアルな繋がりへと再帰している。

以上のような『失われた時を求めて』の描写は、老化の経験を介して生きられる、過去に存在した他者とのセクシュアルな関係性を提示している点で、レヴィナスの老化論、また彼のプルースト論と呼応しているように見える。では、『失われた時を求めて』が描くこのようなセクシュアルな繋がりとは、具体的にどのようなものなのだろうか。身体が老化することが、どのように愛した他者との結びつきを浮き彫りにするのか。

この関係性の構造を捉えるためにまず、老化し衰えた主人公がアルベルチーヌの存在を忘却することを見たい。先に引用した、老化における彼女との関係性の再帰についての語り以前に、『失われた時を求めて』の主人公は、彼女を忘却したと幾度も語っている（cf. Proust 1927=1990：203/317, 249/338）。特に、次の記述には、その忘却がはっきりと現れている。

ところが私はもうアルベルチーヌを愛していないし、今の私は彼女を愛している存在ではなく、愛していない別人になったのであり、別人になったとき私は彼女を愛するのをやめたのだ。しかも私は、自分がこうして別人になったことを、もうアルベルチーヌを愛していないことに、なんら苦しんでいない。［…］もう彼女を愛していないことなど、どうでもよかったのだ！

（Proust 1927=1990：259-260/343）

主人公は、アルベルチーヌを忘却し、彼女を愛するのを止めたと繰り返し強調する。そして、この忘却は、「病気はこれまでに私の力をすりへらしてしまったばかりか、ずっと前から、とりわけアルベルチーヌを愛することをやめたときから気づいていたように、記憶力をもすりへらしてしまった」（Proust 1927=1990：272/349）と語られる点からも分かるように、老化し衰えたことで生じている。言い換えれば、主人公は、老化したことで、アルベルチーヌという死者を忘却へと追いやるのだ。

しかし、このようなアルベルチーヌの忘却を強調しながら、主人公は、その後に、「その〔喜びと欲望の〕思い出は、今でこそまだ男〔主人公〕を苦しめている」と語り、「彼女はもう死んでしまった」と嘆く。加えて、彼は、「ときおり私は、死んだと思っていた祖母やアルベルチーヌが逆に何かの奇跡で生きていて、不意に私の部屋に入ってきてくれないかと願うことがあった。私には二人の姿が見えるように思われ、心は二人の方へと飛んでゆく」(Proust 1927=1990:155/294)とも語っている。ここから、プルーストは、主人公がアルベルチーヌを喪失するだけではなく、彼女を忘却してもなお、彼を触発する愛した他者との関係性について描いていると解釈できる。

では、過去に存在した他者を忘却してもなお、その他者とのセクシュアルな繋がりをあらわにする触発とはどのようなものなのだろうか。愛した誰かを忘れてしまった存在が、どのようにその誰かと再び繋がることができるのか。それをプルーストは、老化の身体的苦痛を介して描いている。彼は、アルベルチーヌの死の報せを聞いた後の主人公の語りを通じて、そのような主人公とアルベルチーヌの「最後の繋がり」を写し出している。

> アルベルチーヌの悪徳の現実が、私の心のこんなに深くまでしみ通らせた苦痛は、ずっと後になってからたいそう役に立った。私が祖母に与えた苦しみのように、アルベルチーヌが私に与えた苦しみは、彼女と私の間の最後の繋がりであり、思い出よりもさらに長く生き延びた。というのも、あらゆる身体的なものがもっているエネルギーの保存によって、苦痛は記憶の与える教訓さえ必要としていないからだ。たとえば、月光を浴びて森で過ごした美しい夜の数々を忘れてしまった人も、そこで罹ったリューマチには依然として苦しみ続けるように。
> (Proust 1925=1992:232/108)

まずここで、「アルベルチーヌの悪徳の現実」とは、アルベルチーヌが主人公に対して自らの同性愛関係を隠していたことが、彼女の死後、露見した事実を指している。そのため、ここでプルーストが述べる「苦痛」は、主人公がアルベルチーヌに対して抱く精神的苦痛である。そして、この「苦痛」は、アルベルチーヌと主人公を引き離すものというより、「欲望は」「私たちを苦しませることになるものを愛するよう強いる」と言われるように、主人公がアルベルチーヌとセクシュアルに繋がる契機となっている。

しかし、同時にプルーストは、この精神的苦痛を、「身体的なもの」や「リューマチ」のような身体的苦痛とパラレルに論じている。精神的苦痛は身体化されると彼は考えるのだ。(10) そして、このような身体的苦痛は、アルベルチーヌを忘却したのちにも（「アルベルチーヌが私に与えた苦しみは［…］思い出よりもさらに長く生き延びた」）、死したアルベルチーヌとの「最後の繋がり」となる。なぜなら、過去に存在した他者との繋がりは、その他者と離別し、忘却してもなお、そうして〈孤独〉になった主人公の衰えた身体が生む「苦痛」を通じて「生き延び」、顕在化するからだ。「森で過ごした美しい夜の数々」の記憶が失われても、その「森」で罹った「リューマチ」に苦しむことで、「夜の数々」の存在が再び立ち現れるように、主人公はアルベルチーヌから負った「苦痛」を身体的に生き続けることで、彼女への想いを完全に忘却せずにいられるのだ。

事実、主人公の「その〔喜びと欲望の〕思い出は、今でこそまだ男〔主人公〕を苦しめている」という事態は、老化した身体を介して生じており、それはこのような老化の身体的苦痛を介してあらわになる愛した他者との関係性によるものと解釈できる。過去に存在した他者とのセクシュアルな関係性（「欲望の思い出」）は、その他者を忘却してもなお、老いた身体が生む孤独な苦痛を介して生きられる、言い換えれば、老化の経験はセクシュアリティと結びつくのだ。愛した誰かの存在を忘れてしまったとしても、その誰かから被った苦痛は身体に残り続け、身体が痛む度にその愛した誰かの痕跡を浮かび上がらせるのである。

まとめよう。プルーストが論じる老化の構造はまず、愛した他者と離別し、その他者を忘却してしまう老化の現象である。しかし、同時にそれは、孤独な老化が生きる身体的な苦痛を介して、その他者とのセクシュアルな関係性がふたたび顕在化する仕方でもある。そして、このようなプルーストが提示する老化の構造から、後期レヴィナスの特異な老化論をはっきりと解釈することができる。この点を、以下三点に分けて確認したい。

まず、老化がセクシュアリティの経験を引き起こすという後期レヴィナスの主張は、プルーストの記述から理解可能である。『失われた時を求めて』の主人公は、老化する身体を生きることを通じて、「彼女はもう死んでしまった」と嘆くことのできるアルベルチーヌへの愛をよみがえらせる。第二に、老化の身体的苦痛が関係性の契機となるという後期レヴィナスの議論もまた、プルース

（10）例えば、精神疾患が身体現象として現れてくることをここで想起することができるだろう（cf. 野間 2006）。

トを介して具体化される。老化の身体的苦痛は、アルベルチーヌを喪失し、さらには彼女を忘却してもなお、彼女の存在を呼び起こすきっかけとなっていた。

最後に、孤独が他者との結びつきの起点となるという逆説的な後期レヴィナスの老化論の主張も、『失われた時を求めて』の文脈から照らし返すことができる。同著の主人公は、アルベルチーヌを喪失し孤独に老いていっているが、その孤独な老化が生み出す身体的苦痛が、彼とアルベルチーヌとの「最後の繫がり」を形成していた。老化し孤独になることは、主体を孤立させるのではなく、誰かと共にある存在として形成し直す可能性を持つのだ。

ところで、『存在の彼方へ』においてレヴィナスは、「死にも意味を与えるような」「愛着」を持つ可能性について語っている（AE：298/205）。彼によれば、この「愛着」を持つことができるのは、「そもそものはじめから「他者」」が「私たちの意に反して私たちを触発している」からだという（AE：298/205）。この奇妙な記述をプルーストの観点から読み解くのならば、孤独に老いるという「死」の経験が意味を有し、そこに「愛着」というセクシュアリティが生じるのは、当人がその「愛着」を抱いた「他者」を忘れてしまっても、その当人の「意に反し」た老化の身体的苦痛を介して、その「他者」との「愛着」が思い起こされるからだといえるだろう。誰かへの「愛着」は、その誰かを忘れてしまっても、その誰かを失って孤独になったとしても、私が生きる身体が老化する苦痛を通じて、再帰し、その老化に意味を与える。

以上のように、後期レヴィナスの老化論は、『失われた時を求めて』のセクシュアルな関係性の描写を通じて具体化される。そして、このような老化論は、レヴィナスの家父長的な生殖を特権化する異性愛・シスジェンダー中心主義的なプロット――つまり、「息子」の生殖へ至る繁殖性概念から逸脱したクィアなものである。後期レヴィナスが老化論を通じて語るセクシュアリティは、異性愛者でシスジェンダーの夫婦関係には限定されない。彼の後期老化論は、家父長的な夫婦間において生殖を特権化する既存の社会の構図、そして彼自身のセクシュアリティ論の表向きの構図から横滑りしている。むしろ、そうした社会では周縁化されてしまう老化という現象を通じてセクシュアリティが描かれるのだ。

確かに、『失われた時を求めて』においては様々な仕方で同性愛が描かれるにもかかわらず、レヴィナスが注目するセクシュアリティは、主人公とアルベルチーヌとの異性愛に限定されている。[11] しかし、この主人公とアルベルチーヌの関係性はある種の同性愛関係をモデルとしている。というのも、原田武によれば、アルベルチーヌという存在とその死のモチーフの一つには、プルーストが愛したアルフレッド・アゴスチネリという彼の運転手で後に秘書（兼愛人）となる男性の存在と死があるからだ（アゴスチネリは彼が操縦していた飛行機の事故で亡くなっているが、それは「逃げ去る女」において落馬して死すアルベルチーヌのモチーフの一つとなっている［cf. 原田 1998 : 177］）。そのため、一見異性愛関係を軸に議論を展開しているように見えるレヴィナスのプルースト論は、アルベルチーヌと主

（11）この点に関しては川村のどかさんからご教授頂いた。

人公との間のセクシュアリティに一貫して焦点を当てているがゆえに、同性愛関係へと横滑りする可能性を含んでいる。父と息子、そして兄弟たちからなるホモソーシャルな関係性をレヴィナスは論じていたが、そのホモソーシャルな関係性のうちにセクシュアリティが含みこまれてしまうようなクィアな観点を彼は同時に提示しているといえる。

しかし、後期レヴィナスの老化論に問題がないわけではない。なぜなら、彼はある一面で、老化の経験をきわめて暴力的に記述しているからだ。例えば、彼によれば「老化の忍耐」とは、「不可視で、時期尚早で、常に暴力的な死にさらされること」であり（AE : 138/91）、「老化の侵食」とは「自己を喪失し続けること」である（AE : 250/169）。彼にとって老化の経験は、自己が徹底的に崩壊してしまうような暴力的な経験と隣り合わせであり、後期レヴィナスが提示するセクシュアリティは暴力的な形式に陥ってしまう可能性がある。そして、次章で見てゆくように、後期レヴィナスの愛撫論もまた、セクシュアリティを暴力的なものとして捉え、私がバラバラになってしまうような現象として記述される側面を持つ。

このような後期レヴィナスの表向きの暴力性に逆らって、彼のテクストを肯定的なセクシュアリティに関する議論として解釈する道は存在しないのだろうか。自己と他者が暴力的に出会ってしまうのとは別の仕方で、セクシュアリティを考えることはできないのか。

第六章　拡張される「皮膚」——ベルサーニを介した後期レヴィナスの愛撫論読解

私がセクシュアルなものを社会的なものの基盤に置くとき、私は、システム全体の基盤に、［…］性愛という、人の間の特定の関係において見出すことのできる、ある種の関係性を置いているのである。(1)

——「捕囚手帳」

本章では、後期レヴィナスの愛撫論を、ベルサーニのクィア理論から読み解くことで、そこに他者との暴力的な関係性ではなく、自他が混ざり合う同質的でクィアなセクシュアリティを見出すことを試みたい。後期レヴィナスのセクシュアリティ論は、〈同質性〉の観点から再構築することが可能である。

そこで、第一節では、『存在の彼方へ』の愛撫論の分析を通じて、この愛撫論から異性愛・シスジェンダー中心主義を逸脱する観点を引き出す。第二節では、ベルサーニのフロイト論の読解を介して、この後期レヴィナスの観点が、クィアに解釈されたフロイトの理論と交錯することを見る。

（1）Œ1 : 79-80/66.

最後に、第三節では、ベルサーニのクィア理論から後期レヴィナスの愛撫論を読解し、この愛撫論のうちに、自己と他者が混ざり合う同質的でクィアなセクシュアリティの視座が潜在していることを明らかにする。

1 後期レヴィナスの愛撫論におけるクィアな構造

『存在の彼方へ』において、レヴィナスは、セクシュアリティを愛撫の観点から掘り下げている。そこで、本部冒頭で引用した次の記述を再度検討したい。

> 愛撫とセクシュアリティのうちには、接触の「エスカレーション」がある。こういうと、接触にまるで段階があるかのようだが、「エスカレーション」する接触は内臓同士の接触にまで至る。皮膚が別の皮膚の中に入り込むのだ。（AE：415/19）

本部冒頭で論じたように、愛撫を「皮膚」や「内臓」にまで拡張するレヴィナスの記述は、『全体性と無限』の繁殖性概念が前提としていた生殖のための性器に位置付けられないクィアな身体性を含意している。「皮膚」や「内臓」からセクシュアリティが語られるとき、そこに性器の有無や差異は必ずしも問題にならない。なお、このような愛撫の「接触」の経験は、別の『存在の彼方へ』の記述でも「皮膚」を介して展開されている（AE：216/143-144）だけでなく、「キス」からも具体化されており（cf. AE：183/121）、彼が論じる愛撫は手のみならず、口唇をも含意している。そのため、後期レヴィナスの愛撫論は、初期から彼のテクストが示唆していた口唇的セクシュアリティを展開したものとして解釈できる。

このような愛撫論は、出生時に割り当てられた性別から、当人が欲望する自らの、そして他者の身体を異性愛とシスジェンダーに限定する規範的な観点から逸脱する射程をもつ。それは例えば、出生時に割り当てられた〈男〉という性別から意味づけられたペニスによる、異性愛者のシスジェンダー男性であることに対する期待、要求を横滑りするものである。繰り返しになるが、セクシュアリティが「皮膚」や「内臓」を通じて生きられるのなら、そこで異性愛・シスジェンダー中心主義的な観点――「性器的セクシュアリティ」の前提は瓦解する。したがって、この愛撫論は、同性愛者やトランスジェンダーのような存在が生きるクィアな身体性に拡張可能なものである。

では、後期レヴィナスは、このクィアな愛撫論をどのように展開しているのだろうか。この点を明らかにすることで、彼が、自己瓦解的な経験を強調していることが見えてくるだろう。

まず、『存在の彼方へ』において後期レヴィナスは、愛撫を感性的経験の水準で捉えている。彼によれば、「あらゆる接触のうちに愛撫が潜んでおり、あらゆる感性的経験のうちに接触が潜んでいる」（AE：462/122）。ここでは、「接触としての愛撫は感性である。しかし、愛撫は感性的なものを超越する」（TI：462/288）と、愛撫の感性に根差したセクシュアリティを論じつつも、それを超えた経験（「繁殖性」）に向かう側面を強調する『全体性と無限』の愛撫論と後期のそれとの差異が際立っている。(2) 言い換えれば、後期の愛撫論は、中期とは異なって、生殖の観点へと「超越」することなく、あくまでもその経験に内在した議論を展開するのだ。では、後期レヴィナスは、「感性的経験」をどのように論じ、そこから愛撫をどのように捉えるのか。そこで以下では、『存在の彼方へ』の感性論を概観したい。ここから、後期レヴィナスがある種の自己瓦解の経験としてセクシュアリティを扱う視座が見えてくるだろう。

『存在の彼方へ』が浮き彫りにする感性的経験とは、他者に曝される経験である。後期レヴィナスは、「身体の感性的経験」を次のように論じている。

身体の感性的経験は常に既に受肉している。感性的なもの［…］は、自己統覚よりも広範な筋立てのうちで受肉の結び目を作る。この筋立てにおいては、私は自分の身体に結び付けられるに先立って他者たちに結び付けられるのだ。（AE：186/123）

後期レヴィナスは、主体が自己を統御する（「自己統覚」）手前で、常に既に他者と関わってしまう身体経験として、感性的経験を捉えている。ゆえに彼は、この経験を「傷つきやすさ」と特徴づけ（AE：142/93）、その「他なるものへの暴露」（AE：182/94）や「触発への暴露」（AE：156/102）という側面を際立たせる。(3) 後期レヴィナスにおいて感性的経験とは主体が他者へと受動的に開かれる経験なのだ。

このような他者による触発の受動性を強調することによってレヴィナスは、例えば、右手が左手に触れられることが、同時に、右手が左手に触れることでもあるといった受動的触発が能動的触発に転じうる可逆性を、恣意的に排除しようとしているのだろうか。事実、ロゴザンスキーはこの可逆性の観点が後期レヴィナスに不在であることを批判している（cf. Rogozinski 2011 : 264/134-135）。確かにレヴィナスには他者からの一方的な触発のみを論じる面があるが、そうした彼の議論の意図はあくまでも、感性的経験の受動性を際立たせ、主題化しようと試みることにある。加えて、後述するように、後期レヴィナスのセクシュアリティ論においては可逆的に自他が混ざり合う構造もまた扱われている。

では、このような感性的経験を愛撫論のモデルとすることで、レヴィナスはどのようなセクシュアリティを語ろうとしているのだろうか。そこで彼が主題化するのは、セクシュアリティに根差す

（2）加えて、『全体性と無限』が愛撫を特徴づける際に用いられる「感じるものと感じられたものの共同行為」（TI : 476/297）という記述は、『存在の彼方へ』の感性論では「感じるものと感じられたものの共同行為」（AE : 84/55）や「感じるものと感じられたものの二元性」（AE : 176/116）といった仕方で展開されており、同著の感性論ないし愛撫論は中期レヴィナスの愛撫論を下敷きにしていることが分かる。

（3）なお、他者に暴露されるこの「受肉」は、「ヒューマニズムとアナーキー」（1968）によれば、「根本的にエロス的なもの」、つまりセクシュアリティに根差したものとみなされている（cf. HA : 172/121）。

自己瓦解の経験である。彼は、愛撫される「皮膚」を介した「快楽」のうちに、自己が瓦解する不安定性を見出す。

> 皮膚に突き刺さる感性の直接性——感性の傷つきやすさ——は、知のプロセスにおいては無感覚なものとして見出される。〔…〕〔しかし〕感覚によって引き受けられる認識をめぐる役割には還元されない、感性的なものの直接性は、傷と享受＝享楽の暴露——享受＝享楽のうちでの傷への暴露である〔…〕。何よりもまず、この感性的なものの直接性は、飲むことよりも直接的なセクシュアルに享受＝享楽すること（jouir）の安楽であり、エレメントの深さへの、十全で満ち足りたエレメントの比類なき瑞々しさへのダイビングであり——快楽である。〔…〕だが、感性の鼓動であるこの〔快楽の〕幸福は、不完全な幸福として、たちどころに「核分裂」してしまう。それは、自我の自己との不一致、動揺である〔…〕。（AE：159/104-105、強調引用者）

以上のように、「セクシュアルに享受＝享楽すること」[4]に根差した「快楽」が、「皮膚」という特定の身体器官に位置付けられないクィアな身体性から生きられるとき（「皮膚に突き刺さる感性の直接性」）、そこに後期レヴィナスは、自己充足の経験ではなく、「核分裂」や「自我と自己との不一致」、「動揺」という主体の瓦解を見出している。つまり彼は、生殖器としての性器から逸脱するクィアな「快楽」のうちで、自己が揺るがされると考えるのだ。セクシュアルな快楽が、生殖器のような特定の身体器官に限定されず「皮膚」にまで広がるとき、その快楽の刺激は際限のないものとなり、その刺激を経験する自己を瓦解させる。実際、愛撫の「接触」の事例として、彼が「キス」を取り上げるとき——ここで想定されている「キス」が「接触」する領域も、際限のない「皮膚」であるだろう——、そこで強調されるのは「把持することから捉えられること」に転じるという自己が打ち崩されるような経験への移行である（AE：183/121、強調原典）[5]。中期レヴィナスにおいて「享受＝享楽」から特徴づけられたセクシュアリティは、他者を自己の「糧」とするような自己充足の経験だったが、後期においてはむしろ他者が自己をバラバラにするような経験として論じられている。

しかし、後期レヴィナスの愛撫論が強調する自己瓦解的な経験は、セクシュアリティを暴力的なものとして特徴づけるという問題を含んでいる。この問題に関して、後期レヴィナスの愛撫論を取り上げつつ、ロゴザンスキーはレヴィナスを痛烈に批判している。彼によれば、後期レヴィナスの愛撫論における「自我の傷つきやすさ」という自己瓦解の経験の強調は、他者との関係を、相互関係ではなく、それによって主体が崩壊してしまう「地獄」とするものである（cf. Rogozinski 2011：263-

---

（4）『全体性と無限』の「他者を享受＝享楽する可能性」に見られたように、中期の享受＝享楽概念は、口唇的領域から特徴づけられていたが、『存在の彼方へ』においても享受＝享楽は「味覚」という口唇領域から特徴づけられている（AE：162/107）。

（5）熊野純彦はこの自己瓦解の経験を「もどかしさ」と呼んで主題化している（熊野 1999a：188）。本書はこの熊野の読解に沿いつつ、熊野が掘り下げられていない後期レヴィナスの愛撫論のクィアな側面を明らかにするものである。

264/133-134、強調原典）。実際、後期レヴィナスは、愛撫の経験の水準とされる「皮膚」における「皮膚を貫くはく奪、〔自己が〕致命傷に、さらには死にさえもさらされるはく奪」（AE：128/84）を指摘している。ロゴザンスキーの言葉を借りれば、後期レヴィナスの愛撫論においては、「「他者」の身体を愛撫することで、私はその接触に傷つき、皮を剝がされる。私は、私が愛撫する「他者」の身体によって引き裂かれる」のだ（Rogozinski 2011：263/134）。

だが、後期レヴィナスの愛撫論を、レヴィナスのその表向きの意図に逆らいつつ、別様に解釈することは不可能なのだろうか。言い換えれば、彼の後期愛撫論から、他者との「地獄」という暴力的な関係性ではなく、自己が他者と肯定的に繋がり合うような可能性を引き出すことはできないのか。というのも、「皮膚が別の皮膚の中に入り込むこと」というレヴィナスの愛撫の記述には、他者との暴力的な関係性とは異なる観点が垣間見られるからだ。

そこで、本章の残りの二節では、ベルサーニのクィア理論を通じて後期レヴィナスの愛撫論を読み解くことで、それが他者と混ざり合う〈同質性〉を伴うクィアなセクシュアリティに関する理論として解釈可能なことを論じたい。それにより、レヴィナス思想を、〈同質性〉に関する議論として解釈する手掛かりも得られるだろう。

2 「不安定性」としてのセクシュアリティ ——フロイトのセクシュアリティ論からレヴィナスの愛撫論を読解する

本節では、ベルサーニのフロイト論を概観し、後期レヴィナスの愛撫論が強調する自己瓦解の経験が、ベルサーニによってクィアに読解されたフロイトの観点から見たとき、肯定的に引き受け可能なことを指摘する。それは、単に自己をバラバラにするだけではなく、自己の外部と混ざり合う可能性に開かれている。ここから同時に、この愛撫論における同質的でクィアなセクシュアリティを明らかにするための端緒を作りたい。

だが、フロイトのセクシュアリティ論を通じて、レヴィナスのテクストを読み解くことには問題があると見なされるかもしれない。というのも、レヴィナスは断続的にフロイトのセクシュアリティ論を批判しており、例えば、彼は、一九四八年の『時間と他なるもの』において、フロイトにおける「快楽」が「存在の一般経済の中で有する意味を探っていない」と語り（TA : 293/83）、一九六一年の『全体性と無限』では、フロイトにおいて「セクシュアリティは快楽の追及の地位におとしめられてしまい、官能がもつ存在論的意義や、官能が利用する還元不可能な諸範疇は、そうしたものがあると気づかれることすらない」と否定的に言及している（TI : 498/309）。しかし、第二章で指摘したように、テクスト読解の観点からは、レヴィナスのセクシュアリティ論はフロイトの理論と重なり合う側面を持つ。そこで以下では、レヴィナスによるフロイト批判にもかかわらず、彼の愛撫論がフロイトのセクシュアリティ論と交錯することを、ベルサーニを介して明らかにしたい。

『セクシュアリティ三篇』においてフロイトは、口唇や肛門に関わるセクシュアリティを性的倒錯と見なし排斥しつつ、人間のセクシュアリティの「正常形態」を「性器領域」に置き（Freud 1905=1991：266/108）、このような性器領域において「快を得ることが生殖という機能のために有利に働く」（Freud 1905=1991：253/98）と論じている。この点で、明らかに彼は、「性器的セクシュアリティ」に基づいてセクシュアリティを規範化し、クィアなセクシュアリティの可能性を抹消している。このような規範性とそれに伴うクィアなセクシュアリティの抹消は、第二章や第三章で見てきたように、レヴィナスが繁殖性概念を通して提示していたものでもあった。したがって、フロイトのセクシュアリティ論は、繁殖性概念と類似した規範性に陥っているといえるだろう。

しかし、このような規範的観点から論じられる『セクシュアリティ三篇』について、ベルサーニは『フロイト的身体』の中で「全く異なった議論が展開されている」と指摘する（FrB：39）[6]。この「全く異なった議論」を論じるためにまず彼は、「対象発見とは本来、再発見なのである」（Freud 1905=1991：284/122）というフロイトの『セクシュアリティ三篇』における発言を、次のように解釈してみせる。

〔フロイトの〕目的論的観点全体が、彼の「対象発見とは本来、再発見である」というよく知られた発言によって脅かされている。幼児期のセクシュアリティの諸々の段階の苦痛を伴う試練を通過した私たちのうちのある人々、口唇期と肛門期を構成する欲動をヒエラルキー的に性器の支配に適合させようとする人々は、その対象選択において幸運であったかもしれないが、この過程全体のまさに発端に引き戻されていることに気が付くのである。（FrB：35）

「対象発見とは本来、再発見である」という発言は、ベルサーニによれば、性器領域をセクシュアリティの正常形態と定めるフロイトの態度とは裏腹に、そうしたセクシュアリティにおける対象発見が、性器期に先立つ口唇期や肛門期のような性器領域に限定されないセクシュアリティのある種の反復（「再発見」）であることを示唆している。フロイトのセクシュアリィに関する言説は、彼の意図に逆らって、「性器的セクシュアリティ」を逸脱する。ベルサーニは、フロイト自身の理論の内部にセクシュアリティに関する規範的観点を崩す理論が含意されていると指摘するのだ。

ところで、フロイトは、「子供が母親の乳房を吸うことは、あらゆる愛情関係の祖型になっている」（Freud 1905=1991：284/122）と対象発見におけるある種の起源を定めるが、対象発見における反復は、このような起源的対象を捉えそこなう運動でもある。彼のセクシュアリティ論はここでもその

（6）『ホモズ』のベルサーニによれば、「快楽」をセクシズムから切り離した「最初の主要な理論的試みは」、フーコーの『セクシュアリティの歴史』ではなく、フロイトの『セクシュアリティ三篇』である（H：98）。

公式見解から横滑りしているのだ。この点に関してベルサーニは、フロイトの性源域（erotogenic zone）概念の分析から次のように答えている。

私たちが驚くほどに信じ続けている原初的対象の位置ほどフロイトにあって不確かなものはない。［…］母親の乳房、より正確には母親の母乳の「暖かい流れ」は性源域としての唇を幼児が発見するための単なる偶然的な原因と見なされている。この観点において、〔乳房を吸うのと〕同じ仕方で唇を刺激することのできる何らかの対象の我有化の方が、起源的なセクシュアリティの対象の再発見よりもはるかに重要だろう。幼児は舌を、唇を、そしてフロイトが付け加えているように、足の親指をしゃぶろうとさえするのだ。（FrB：35）

ベルサーニが指摘するように、幼児期の口唇という性源域（具体的には「おしゃぶり」）についてのフロイトの記述は多義的であり、「口がとどく任意の場所の皮膚」（Freud 1905=1991：235/82）にまで拡張される。彼においてさえ、母親の乳房は「性源域としての唇を幼児が発見するための単なる偶然的な原因」と見なされており、セクシュアリティにおける対象の「再発見」は、起源的対象を捉えそこなう反復とならざるをえない。

そして、以上の点から、ベルサーニはフロイトの「再発見」に関する発言を次のように解釈する。

起源的な対象を「再発見」しようとする努力は次のような布置への再帰の試みだろう。その布置とは、いかなる対象も特権的ではない布置、そこであらゆる源からセクシュアリティが生じうる（私たちは、乳房に、親指に、身体が揺すられること、思考等々に刺激を受けうる）布置、そして最後に、そこであらゆる身体の部分が潜在的な性源域である布置である。〔…〕〔フロイトによる〕人間のセクシュアリティへの探求は対象の特定性（object-specificity）からも、身体器官の特定性（organ-specificity）からもセクシュアルなものが徹底的に分離される事態へと行き着く。（FrB：39）

ここにおいてフロイトのセクシュアリティ論は多義的な対象や身体性を通じて、セクシュアリティを特定の対象や身体領域から切り離す理論的帰結をもたらすものであるとされる。そのため、この理論は、ペニスとヴァギナの差異という「性器的セクシュアリティ」に依存した異性愛・シスジェンダー中心主義から逸脱するものとして読み替え可能である。実際、『セクシュアリティ三篇』において、性源域は「あらゆる身体部位および内臓の諸器官にも備わっている」と語られ（Freud 1905=1991：237/86）、「一段とすぐれた」性源域は「皮膚」という身体全域に広げられる（Freud 1905=1991：216/71）。

ベルサーニは、このようなフロイト読解を通じて、セクシュアリティの〈位置づけ難さ〉と呼びうる構造を引き出している。彼は、セクシュアリティを生殖のための性器に限定するといった規範性による特定の身体領域への位置づけから横滑りする、クィアなセクシュアリティの構造を、フロイトを介して提示するのだ(7)。

さらにベルサーニは、フロイトが論じるこのようなセクシュアリティの〈位置づけ難い〉ありようを、「セクシュアルなものへの感じやすさ＝感応性(susceptibility)」(FrB：38)と呼ぶ。彼によれば、セクシュアリティは特定の身体領域に〈位置づけ難い〉がゆえに、あらゆる対象、身体領域がセクシュアルに触発しうる「感応性」を含むのである。

そして、以上のような構造を起点として、ベルサーニはクィアなセクシュアリティを生きる「自己」の経験に目を向ける。彼は、〈位置づけ難く〉、「感じやすい」セクシュアリティを介して、「私たちは私たちを強く動揺させる(nearly shatter)ものを欲望する」(FrB：39)と語っている(8)。彼は、セクシュアリティを、特定の身体領域に留まらず、どんな対象や身体領域もセクシュアルに触発する可能性を含む限りにおいて、主体によって統御困難な現象として解釈するのだ。またこの点から、「セクシュアリティとは構成された自己にとって耐えがたいことだろう」(FrB：38)とも論じられる。つまり、セクシュアリティを何らかの仕方でコントロールしようとする主体性そのものが、当のセクシュアリティを生きる身体経験から覆されることになる。性器的領域にセクシュアリティが限定されないのであれば、セクシュアルな触発の可能性は際限のないものとなり、自己がコントロールしうる次元を超えてゆく。この意味で、ベルサーニにとって、セクシュアリティとは、主体を快楽によって充足させる現象ではなく、むしろ、その〈位置づけ難さ〉や「感応性」を介して「自己」を崩す現象なのである。

加えて、ベルサーニは、セクシュアリティが、対象を支配しようとする主体そのものが瓦解する現象である点から、「セクシュアリティは――少なくともそれが構成される様態においては――マゾヒズムのトートロジーとして考えられうる」と指摘する（FrB：39）。ベルサーニの読解を通じて、フロイトのセクシュアリティ論は、セクシュアリティをクィアな観点から捉えることを可能にし、そのクィアな経験において自己が瓦解するマゾヒズム的現象を提示する。

以上のようなベルサーニのフロイト論は、後期レヴィナスの愛撫論と照応するものだ。レヴィナスは愛撫を「皮膚」や「内臓」というフロイトも用いた特定の身体器官に位置づけられない身体性から論じ、そこから、自己が揺り動かされる経験を浮き彫りにした。事実、ベルサーニと同じく、レヴィナスは、「皮膚」にまで拡張されるクィアな身体性を、「それを介して「自己」が感応性（susceptibilité）そのものとなるもの」（AE：435/172）と呼んでいる。彼のフロイト批判にもかかわらず、後期レヴィナスの愛撫論はクィアに読み解かれたフロイトのセクシュアリティ論と重なり合うのだ。(9)

（7）『ホモズ』のベルサーニの言葉を借りれば、フロイトは、「「セクシュアルな」という言葉を、エロス的な強度を性器的領域から切り離すために用いて」おり、『セクシュアリティ三篇』は「セクシュアルなものを脱自然化し、覆し、そして男性性の特権から切り離すことさえしている」のだ（H：98）。

（8）ベルサーニの術語である「shatter」は確かに「破砕」という「動揺」よりも強い意味で訳されるが（cf. 村山 2005=2022）、本書ではこの術語の原語である「ébranlement」（cf. FrB：38）の意味に立ち返り、あえて「動揺」や「瓦解」と訳すことで「破砕」とは異なった経験の構造を浮き彫りにすることを試みる。

（9）ベルサーニから解釈されたフロイトとレヴィナスとの交錯に関してはTuhkanen（2020：40）も参照。

そして、このような重なり合いから、後期レヴィナスの理論における「マゾヒズム」の側面を肯定的に引き受けることが可能となる。

過去の研究において、後期レヴィナス思想を「マゾヒズム」という観点から批判する読解が提示されてきた。例えば、ジアレクは、後期レヴィナスの倫理が「ある種の起源的な倫理的マゾヒズムへ陥っている」と指摘し（Ziarek 2001 : 90）、サイモン・クリッチリーは後期レヴィナスの「身代わり」という倫理の構造を「マゾヒズム」と評した（cf. Critchley 2015 : 88-90）。バトラーもまた、レヴィナスは「ある種の高尚なマゾヒスト」なのではないかと問うている（Butler 2004 : 223/140）。このような批判を考慮するのならば、自己瓦解の経験を強調する後期レヴィナスの愛撫論もまたある種のマゾヒズムに陥っているといえるだろう。しかしながら、後期レヴィナスの愛撫論とベルサーニのフロイト論との交錯を考慮に入れたとき、レヴィナスの後期思想にはセクシュアリティに根本的に根差す「性源的なマゾヒズム」[10]の側面が存在し、否定的な意味でのマゾヒズムとは異なった仕方で彼の後期思想を捉えることが可能となる。それゆえ、彼の理論におけるマゾヒズムの側面は、クィアなセクシュアリティの構造を映し出すものとして解釈可能であり、セクシュアリティの次元でフロイトの理論と後期レヴィナスの理論を交差させることは、後者を肯定的に引き受けることに繋がる。

では、レヴィナスやベルサーニのように、クィアなセクシュアリティにおける自己瓦解の経験を強調することにどのような意義があるのだろうか。そこには自己が他者を通じてバラバラになるだけではない可能性、「地獄」のように自己と他者が暴力的に出会うのではない可能性が存在するのか。

3　「欲望する皮膚」――後期レヴィナスにおける「ホモネス」

本節では、ベルサーニのクィア理論を通じて、後期レヴィナスの愛撫論を読解することで、この愛撫論が、同質的でクィアなセクシュアリティに関する理論として解釈可能なことを示す。そしてそこから、レヴィナスのセクシュアリティ論をある種の〈同質性〉に関する理論として再構築する端緒を作る。そこで以下ではまず、ベルサーニの「ホモネス」というクィアな関係性論を取り上げたい。ベルサーニはこの概念を通じて、自己と他者が、抑圧的な関係性に陥ることなく混ざり合う、クィアなセクシュアリティを論じている。この概念を明らかにし、そこから後期レヴィナスの愛撫論を紐解くことは、後期愛撫論のうちに、他者との暴力的な関係性とは別のものを見出そうとする本書の試みを補完するものとなる。

(10) フロイトが、『セクシュアリティ三篇』に一九二四年に追加した註で、「道徳的マゾヒズム」と対比的に概念化された「一次的な、性源的なマゾヒズム」(Freud 1905=1991 : 203/61、強調原典)というセクシュアリティに根本的に内在するマゾヒズムに関する記述を参照。

セクシュアリティにおける関係性の問題

ベルサーニは「直腸は墓場か？」（1987）において、一九八六年の『フロイト的身体』で主題化したセクシュアリティの経験を再度問題化している。彼によれば、「セクシュアリティが常に政治化されているのは議論の余地のない事実であるにしても、セックスすることがどのように政治化するかは全く未解決の問題である」（IRG：12、強調原典）。このベルサーニの発言の背景には、フーコーやゲイル・ルービンといったセクシュアリティの規範性、権力性を暴き出した思想家たちが、その規範性、権力性に抗するクィアなセクシュアリティを議論する段になると、セクシュアリティを「理想化」（IRG：29）する態度を見せるきらいがあるということがあった。この問題に対して、ベルサーニは、「セックスすること」自体が、権力関係を内面化したものであることを強調する。

人間の身体は次のような仕方で構築されている、あるいは少なくともこれまでそう構築されてきた。それは、支配と従属を私たちのもっともはげしい快楽の経験と切り離すことがほとんど不可能な仕方によってである。このことはなによりもまず体位の問題である。種の生殖＝再生産［reproduction］に（近年まで）必然的なものだった挿入は、もっとも一般的には男が女の上になることでなしとげられてきた。もしそうだとするならば、上になることは単なる物理的な位置の問題ではありえないということもまた真実である。［…］私が言わんとしていることは次のことである。フーコーは関係それ自体に内在する権力の効果について論じてきたが［…］、それはおそらくセックスにおいて、もっとも過激なものになりやすいし、支配と従属の関係へともっとも二極化しやすい、ということである［…］。（IRG：22-23）

ベルサーニは、「正常位」のような「体位の問題」を、「単なる物理的な位置の問題」ではなく、「支配と従属」という権力関係が「セックス」という身体経験の水準で内面化するものとして捉える。セクシュアリティを生殖に結びつける規範は「正常位」という「体位」を介して身体化されており、その「体位」は「男が女の上になる」という権力関係を表している。ベルサーニは、セクシュアリティを「理想化」するのではなく、その身体経験が「支配と従属」という権力関係を実践してしまうというある種の暴力性を明るみに出すのだ。

このようなセクシュアリティの問題に対して、ベルサーニは、ゲイ男性のアナルセックスの身体性（「直腸」）を「墓場」と呼びつつ、そこにこの権力関係を内面化した「誇り高き主体性という男性性の理想像」、「内面化されたファリックな男性性」が瓦解する「自己の壊乱、自己の喪失の危険」を見出している（IRG：29-30、強調原典）。ここで彼は、異性愛者間の正常位の実践が、ゲイ男性間のアナルセックスの模倣によって転覆されるといったパフォーマティブな攪乱性を指摘しようというわけではない[11]。そうではなく、彼は、ゲイ男性のセックスにもまたある種の暴力性（「壊乱」、「喪失」）を見出しつつ、その暴力性には、権力を身体化した「自己」の瓦解にまで至るラディカルな不安定性が伴うことを指摘しているのだ。

ベルサーニは、ゲイ男性のアナルセックスの只中で挿入される身体の不安定性を通して、権力的な男性性を含んだ主体が瓦解する出来事を捉えようとした。ハルバースタムが述べるように、ベルサーニは、アナルセックスを「自己を動揺させ、自己を、支配、一貫性、そして堅固さへの欲動から解き放つ」仕方と捉えるのだ（cf. Halberstam 2008：140）。

では、この自己を覆すような自己瓦解の経験は、何を含意しているのか。そこで以下では、この不安定性がクィアな関係性の契機となることを論じたい。

「ホモネス」という関係性

ところで、ベルサーニは、「正常位」が内面化するような「支配と従属」という権力関係を問題としていた。そうであるならば、この権力関係を身体化する「自己」を覆すクィアなセクシュアリティには、そこに還元されない関係性が見出されうるはずだ。実際、『ホモズ』でベルサーニは、『フロイト的身体』で行った自らのフロイト解釈を参照しつつ、次のような関係性の可能性を示唆している。

フロイトとフーコーにとって、もちろんそれぞれまったく異なった仕方ではあるが、権力の実践が生み出すのは、その実践それ自体の内部における権力への抵抗である。この実践と抵抗を同時に生じさせる諸々の主体性に関しては、フロイトのヴァージョンが、より良い説明を与えてくれるように思われる。〔…〕主体が反復しようと試みるのは、我有化すべき対象が、それに対して我有化すべきものとしての妥当性を失ってしまうセクシュアルな興奮、また、その妥当性の消失の結果として、我有化を行う自我の瓦解を本義とするようなセクシュアルな興奮である。〔そのとき〕我有化は、次のようなコミュニケーション、非対話的な（non-dialogic）コミュニケーションへと変容する。それは、そこで主体が支配することを期待する対象によって、当の主体が極めてセクシュアルに「摩擦を受ける」ことで、主体と客体＝対象を隔てている諸々の境界そのもの、所有のために必要なその諸々の境界が消え去るコミュニケーションである。（H：100）

フロイトの理論において「主体が反復しようと試みる」、「セクシュアルな興奮」は、「皮膚」や「内臓」を通じたセクシュアリティのように、特定の対象や身体器官に位置づけることが困難な現象だった。[12] そのため、セクシュアリティにおいて、対象を「我有化」あるいは「支配を期待」しようとすること（権力の「実践」）は、常に失敗を伴っていたといえる（「我有化すべき対象が、それに対し

(11) バトラーの『ジェンダー・トラブル』(1990) 以前から、ベルサーニは、クィア研究やクィア理論における規範攪乱的な「模倣」の観点に対して批判的な態度を取り続けている (cf. IRG：30；H：48-49)。この点に関しては Tuhkanen (2020：79-116) をも参照。

て我有化すべきものとしての妥当性を失ってしまうセクシュアルな興奮」)。そして、ベルサーニが明らかにしたフロイトのクィアなセクシュアリティにおいて、主体はあらゆる対象や身体器官がセクシュアルに触発しうるという「感応性」によって瓦解させられる。言い換えれば、そこでは、「我有化を行う自我の瓦解を本義とするようなセクシュアルな興奮」が生じているのだ。

だが、ここにおいてベルサーニが示唆しているのは、こうした「失敗」や「瓦解」は、それ自体で終わるものではなく、何らかの関係性を生むということであった。彼の言葉を借りれば、クィアなセクシュアリティは、「支配と従属」のような権力関係が前提とする「主体と客体＝対象を隔てている諸々の境界そのもの、所有のために必要なその諸々の境界が消え去るコミュニケーション」を発生させうる。彼が指摘するのは、クィアなセクシュアリティにおける自己瓦解の経験は、ある種の関係性の契機でもあるということなのだ(言い換えれば、彼が強調するセクシュアリティにおける自己瓦解の経験は、ある種の関係性の観点に開かれる射程を有する)[13]。

では、それはどのような関係性なのだろうか。先の引用における「非対話的なコミュニケーション」といった表現からは、それは、言語を介さない神秘主義的経験のように聞こえる。しかし、「非対話的」という言葉でベルサーニが意図しているのは、ある種の抑圧関係を批判し、それとは別の関係性を狙うことである。このことを証明するために、以下でウィティッグの議論を検討したい。ベルサーニは、この抑圧関係のモデルを批判的に提供する理論として、ウィティッグを参照し、それによって、「差異」という概念を批判的に捉えつつ、「同じさ」というオルタナティブを提示しようとするのだ。

そこでまず、ウィティッグの理論においてベルサーニが特に注目するのが、彼女の論文「ストレートな思考」で指摘される、「差異」概念に根差した次のような抑圧関係の問題であることを見てゆこう。

> もっとも興味深いこのウィティッグ議論の側面は〔…〕、彼女が差異に対して懐疑的であることだ。彼女は、差異それ自体の現象の構造をジェンダーと同一視することに抗議する以上のことを行う。「差異を有した存在／他者 different/other[14]」はつねに劣った位置にある〔…〕。「男たちも白人たちも差異を有さないし、主人たちも同様に差異を有さない。しかし、奴隷たちと同様に黒人たちは差異を有している」。それゆえ、彼女は次のように結論付ける。「差異の概念

(12)「直腸は墓場か?」で「権力と従属という〔権力関係の〕二極性そのものの逸脱」を「諸々の境界線が覆されることとしての「享受＝享楽」」(IRG：24)と呼んだベルサーニが、この「享受＝享楽」を『ホモズ』で、ラカン的な意味でのそれではなく、フロイト的な「性源域性」だと見なしている点をも参照(cf. H：101)。

(13) ベルサーニの理論は、クィア理論における「アンチソーシャル理論」の先駆けとしてまとめられ(cf. Caserio, et al 2006)、その独我論が批判されるが(cf. 井芹 2013：47)、彼の理論は外部へと開かれたものである。この点に関しては、Tuhkanen(2020)、長尾(2023)をも参照。

(14) ベルサーニは「different-other」と表記しているが、ウィティッグの原文は「different/other」であるため(Wittig 1992：29)、このように訂正する。

は、その概念についての存在論的な側面を何も有していない。差異の概念とは、主人たちが支配の歴史的状況を解釈するための方法でしかない」。（H：39）

ウィティッグは、「差異」という概念が、「男と女」、「主人と奴隷」、「白人と黒人」といった支配関係において、女性や奴隷、黒人を劣位に置くためのある種の抑圧構造として機能していると指摘する。そして、この「差異」に基づく抑圧構造を形成していると彼女が見なすのが、「ストレートな思考（Straight mind）」[15]と呼ばれる異性愛関係である。例えば、「男女の異性の間の差異の概念は、女性を、差異を有した存在／他者へと存在論的に構成する」（Wittig 1992：29）。ベルサーニの言葉を借りれば、「異性愛は階級間の抑圧を、人間本性の恒常的な事実として固定化」し（H：38）、「ストレートな思考は差異を〔抑圧的に〕価値づける」のである（H：39）。

このような異性愛関係に基づいた抑圧構造を表す具体例として、ベルサーニは、ウィティッグが論文「社会契約について」で取り上げた、アリストテレスの『政治学』に関する記述を参照する（cf. H：38）。ウィティッグによれば、アリストテレスは『政治学』の中で「男と女」の異性愛の対関係を、「お互いが存在しないと無効」となる「一つの対になるべき」関係、すなわち「支配するものと支配されるもの」と見なしている（Wittig 1992：42）。ウィティッグはそれを「異性愛の関係性というもの」を「あらゆるヒエラルキーの関係の指標」として（Wittig 1992：42）、言い換えれば、異性愛という社会契約が「暗黙のうちに」（Wittig 1992：41）合意される事例として批判する。

メアリー・ホークスワースが指摘するように、こうした女性を劣位に置く哲学の態度は、古代ギリシャ哲学から中世哲学を経て近代哲学にまで及ぶ（cf. ホークスワース 2019=2022：23-27）。事実、第一章で指摘したように、レヴィナスの「女性的なもの」概念は、女性を「本当の発話を知らない無責任な動物性」（TI：473/295）といった劣位の立場に追いやるものだった。ホークスワースが述べるように、「西洋哲学の伝統の内部では、セックスの解釈はつねに、男性に権力と権利を付与する一方で、女性にはそれらを否定するという、二分法的な構造に依拠している」のだ（ホークスワース 2019=2022：27）。

以上のような哲学の伝統が示すように、異性愛関係から示される「差異」は、ある種の抑圧関係を形成することに繋がっている。そして、ベルサーニは、ウィティッグが「ストレートな思考」と呼ぶ以上のような哲学の態度を、哲学が差異を論じる際に参照する「弁証法的思考と対話（dialogue）」のうちに見て取っている（H：40）。[16] それゆえ、ベルサーニが「非対話的（non-dialogic）コミュニケーション」という概念で意図しているのは、こうした哲学の伝統、そして異性愛関係が内

（15） Straight mind というウィティッグの概念はクロード・レヴィ＝ストロースの『野生の思考』（1962）に着想を得ている（cf. Wittig 1992：27）。

（16） ベルサーニは次のウィティッグ発言を参照していると思われる。彼女によれば、「異性愛は常に既にあらゆる思考のカテゴリーの内部にある。異性愛は、その主なカテゴリーとして弁証法的思考（あるいは差異の思考）のうちに暗黙のうちに入り込んでいるのだ」（Wittig 1992：43）。

面化してしまっている「差異」に基づく抑圧関係とは異なった関係性であるといえる。

そこでベルサーニは、抑圧的な差異に依拠しない関係性を「ホモネス（homoness）」という概念から論じようと試みる。

ホモネスに関する新しい省察が私たちにもたらす可能性があることは、差異による（「支配するものと支配されるもの」といった）価値づけを適切に切り崩すこと——あるいは、より正確には、乗り越えられるべきトラウマとしての差異の概念（この観点は、何よりも、男女の異性の間の対立関係を強めるものである）ではなく、むしろ、同じさ（sameness）を脅かすことなく、その補完となるような差異の概念である。（H：7）

「ホモネス」とは、「男女の異性の間」に根差した「差異」という抑圧関係（「トラウマとしての差異[17]」）を「切り崩す」ものであり、そこで関係し合う項が「同じさ」という仕方で結びつくものである。そして、その「同じさ」を共有し合う項の間の差異もまた、関係しあう項の間の支配や抑圧といった対立を生むのではなく、その「同じさ」という繋がり合いの「補完」となる。

ただし、このような「同じさ」の関係性は、主体のアイデンティティを固定化するものではない。ベルサーニの言葉を借りれば、「ホモネス」は、「非アイデンティティ主義的な同じさ（nonidentitarian sameness）」（IRG：183）の概念である。つまり、「ホモネス」とは、主体が生きる何らかのアイデンティティが揺るがされつつ、「同じさ」を通じて繋がり合うものだといえる。そして、そのように動揺するアイデンティティと外部へ開かれた関係性の構造は、前述したベルサーニ自身のフロイト論から展開される自己瓦解の経験を基底としている。「性器的セクシュアリティ」に位置づけられないクィアなセクシュアリティを通じて自己が揺り動かされることは、自己の瓦解によって他者との境界を曖昧にし、混ざり合う関係性を生み出す。セクシュアリティが「皮膚」にまで広がるのならば、たとえ互いが異なる性器を有していたとしても、その互いの差異そのものが崩れ混ざり合う可能性が生じる。このようにベルサーニは、クィアなセクシュアリティを通じた自己瓦解の経験を、同質的な関係性の契機と見なしているのだ。

ベルサーニがフロイトのセクシュアリティ論における自己瓦解の構造を通して論じる関係性とは、（1）「差異」に基づいた権力関係や抑圧関係といった対立に還元されず、（2）むしろ関係する項の「差異」がそれらの項の「同じさ」を肯定的に補完するものとなり、（3）主体のアイデンティティ

（17）この「トラウマ」としての差異という観点は、ベルサーニが、フロイトの異性愛に関する理論から引き出すものである。彼は、「男性における異性愛にのみ限定された指向は、〔フロイトの理論において〕例えば、父とのミソジニーを含んだ同一化と、女性性を恒常的に去勢と結びつけることに依存している」と指摘する（H：58、カッコ内引用者）。フロイトの理論において、女性性はそれに対して異性愛者男性が同一化することを忌避し、男性性の不足（「去勢」）として遠ざけられる。したがって、「男性の異性愛は、差異のトラウマを伴った特権化だろう」と見なされることになる（H：39、強調原典）。

が揺るがされつつも、その「同じさ」を通じて関係しあう、というものであった。

では、このような「ホモネス」を、後期レヴィナスの愛撫論のうちに見出すことは可能なのだろうか。そこで、後期レヴィナスの愛撫論が位置づけられていた「皮膚」の観点から、彼の後期思想における〈同質性〉の可能性を論じることを試みたい。

「欲望する皮膚」

ベルサーニ研究者として知られるミッコ・トゥカネンは、以上のベルサーニの理論のレヴィナスとの構造的な違いを指摘している（cf. Tuhkanen 2020 : 134）。事実、『存在の彼方へ』で後期レヴィナスが論じる関係性の構造は、「トラウマ」と呼ばれる暴力的な他者性に依拠したものである。彼において「トラウマ」とは、「人質の迫害に至るほどまで被られた告発のトラウマ」（AE : 50/31）と言われるような、主体を徹底的に追い詰め、無限の責任を要請する他者からの強迫的な呼びかけである。このような「トラウマ」概念は、「トラウマとしての差異」とは別の仕方で「同じさを脅かすことなく、その補完となるような差異」（H : 7）を論じるベルサーニとは袂を分かつ。ここでロゴザンスキーが、後期レヴィナスの愛撫論を、他者との関係性を「地獄」に変えてしまうものとして批判していたことを想起してもよいだろう。

しかし、後期レヴィナスの愛撫論を、表向きの差異を超えて、ベルサーニのクィア理論から捉えたとき、彼の愛撫論のうちには、「地獄」のような関係性ではなく、自他が混ざり合うクィアなセクシュアリティの側面を垣間見ることができる。

そこで、レヴィナスが「皮膚」という観点から愛撫の構造を捉えていたことに再度注目したい。彼が、この「皮膚」というジェンダーやセクシュアリティが一義的に決定されない曖昧な身体性から愛撫論を展開するとき、そこには、異質な異性との関係性——ペニスとヴァギナの「差異」ではなく、自己と他者が共有し合うような同質的なセクシュアリティ——としてある種の「ホモネス」があらわになっているといえないだろうか。「皮膚が別の皮膚の中に入り込む」のなら、そこで自他の差異は曖昧化されているのではないか。

実際、ベルサーニは、「ホモネス」を「皮膚」の観点から具体化している。『ホモズ』におけるアンドレ・ジッド論の中で彼は、「欲望する皮膚（desiring skin）」として「ホモネス」を論じるのだ。彼によればジッドの『背徳者』（1902）における男色（pederasty）」は「欲望する皮膚のナルシシスティックな拡張」である（H：124-125、カッコ内引用者）。そこでまず彼は、『背徳者』の主人公ミシェルが裸で日光浴をする際の語りに注目している。

私は私の下に硬い土を感じた。生い茂った雑草が揺らいで、私にそっと触れた。風から守られているにもかかわらず、私は一息ごとに身震いし、痙攣した。やがて、とても心地のよい肌がひりひりする痛みが私を包んだ。私の全存在が皮膚の表面へと溢れた。（Gide 1902：60-61/65）

ミシェルの「裸の肉体」は「それ自身を世界へと拡張させ、彼と土、草、大気との間の距離を破壊している」(H : 120)。彼は、「彼自身と世界の間の接触そのもの」であり、彼は「ほかの何ものでもない身体的自我となると同時に、その自我の境界を破壊している」(H : 120)。ここにおいて、「欲望する皮膚のナルシシスティックな拡張」は「ナルシシスティックな自己の封じ込めの放棄」ともなる(H : 120)。ミシェルの「皮膚」を通じた世界との関係性は、彼と世界との境界を曖昧にし、「同じさ」に貫かれたものに変容させるのだ。

そして、ベルサーニはこのような「皮膚」を通じた自己拡張の経験を、ミシェルの同性愛のうちにも認めている。

ミシェルは、彼の欲望の対象に、それらの対象と特定の空間を共有する以上のことを求めていない。彼のホモセクシュアリティは、親密性というよりもむしろ布置(positioning)の問題である。差異に邪魔されず、差異に無関心な彼が求めるのは、美しく健康なアラブの少年たちのうちで、彼自身の不正確な複製、つまり彼の拡張に触れることである。『背徳者』における男色は、裸での日光浴と同じように、欲望する皮膚のナルシシスティックな拡張であり、それは同時に、安全に配置された自我のナルシシズムに抗して働くものである。(H : 124)

「欲望する皮膚」を通じて、ミシェルは、彼が欲望を向けるアラブの少年たちと「同じさ」を共有し合う。そこにあるのは、白人と有色人種といった異質な「皮膚」の「差異」からなる対立関係ではなく、同質的な「皮膚」を通じた自己拡張の経験だ（ここで人種差別的な「皮膚の事実性」は無視されている［cf. Benedicto 2019 : 283-284］）。言い換えれば、ミシェルとアラブの少年たちの肌の色の「差異」は、彼らを対立関係に置くようなものではなく、「同じさを脅かすことなく、その補完となるような差異」として機能しているといえる。同質的な「皮膚」を通じてミシェルは自己の外部へと開かれている。

しかしそれは、単にナルシシズムを拡大させることではない。同質的な「欲望する皮膚」の経験においては、「差異」というアイデンティティの同一性を担保するものが存在しない以上、ミシェルの自我の境界を崩し外部との混ざり合いに開くような、「非アイデンティティ主義的な同じさ」が現れることになる。村山敏勝の言葉を借りれば、「欲望する皮膚」において「皮膚の下にあるかのようにみえる深い自己、アイデンティティの神話は無と」化すのだ（村山 2005=2022 : 276）。この意味で、セクシュアリティにおける自己瓦解的な経験は、自己と他者が混ざり合う関係性――「主体と客体＝対象を隔てている諸々の境界そのもの、所有のために必要なその諸々の境界が消え去るコミュニケーション」の契機になっているといえる。「皮膚」という位置づけられないクィアなセクシュアリティを通じて自己がバラバラになることは、ただ自己を崩壊させるだけではなく、その「皮膚」を通じて自己の境界を曖昧にし、外部と混ざり合う経験を可能にするのだ。

このようなベルサーニの議論は、「愛撫」における「接触の「エスカレーション」」として「皮膚が別の皮膚の下に入り込む」ことを記述していた後期レヴィナスの愛撫論を（AE：415/19）、「ホモネス」の観点から照らし返すものだといえるだろう。「彼自身と世界の間の接触そのもの」（H：120）であるミシェルの「皮膚」を通じた自己拡張の経験――いわば「皮膚」を生きる自己の「エスカレーション」は、世界を、他者を「愛撫」しているのだ。レヴィナスの言葉を借りれば、ミシェルが生きる「あらゆる接触のうちに愛撫が潜んで」いる（AE：462/122）。

加えて、少年たちの「皮膚」と「特定の空間を共有する」ことで自己拡張を行っていたミシェルの欲望を、「他者の近さ（proximity）によって、多くとも他者の接触によって、まさに満たされる欲望」（H：120）とベルサーニが定義するとき、「皮膚」への「愛撫」を介した「近さ」を語る後期レヴィナス（cf. AE：216/144）との重なり合いは一目瞭然だろう（ここで「近さ」は、前章で見たプルースト的な近さである以上に、愛撫を介した文字通りの空間的な近さを意味している）。

実際、レヴィナスは『存在の彼方へ』においてセクシュアリティを、ベルサーニ的な「ホモネス」の観点から捉えている面がある。彼は同著において、愛撫の「接触」の事例として「キス」を取り上げつつ（cf. AE：183/121）、その記述に次の註を加えている。

触れるような仕方で見、聞くことができる。「森、池たち、肥沃な平原たちは、人間の眼差しよりも私の目に触れていた。私は世界の美しさに寄りかかっていた。私は数々の季節の香りを握りしめた」（ノアィユ侯爵夫人）（AE：425/121）[18]

ここで「ノアイユ侯爵夫人」の文章として挙げられているのは、アンナ・ド・ノアイユの詩集『無数の心 *Le cœur innombrable*』（1901）に掲載された詩「自然への奉献（L'offrande à la nature）」の一節である。右の文章に見られるように、この詩において彼女は、自己が自然と混ざり合う仕方を歌っている。レヴィナスは、「キス」というセクシュアルな「接触」、つまり「愛撫」の経験を、『背徳者』でミシェルが裸の日光浴を通じて感じていたような主体と自然とが混ざり合う経験から具体化しているのである。性器に位置づけられない「皮膚」を「愛撫」する「キス」は、他の人間の「皮膚」だけではなく、世界の「皮膚」をも愛撫し、その位置づけられなさ、曖昧さを通じて、自他の境界を溶かしてゆく。後期レヴィナスの愛撫論は、ベルサーニがジッドのうちに見出したような自他の混ざり合いを論じるが、そこには「ホモネス」の観点が潜在している。レヴィナスは「男色家（pédéraste）」を蔑視する言説（Œ1：190/161）を残したものの、彼の展開する愛撫論はジッドが物語る「男色（pederasty）」（H：124）と重なり合う面があるといえる。

そして、このような「ホモネス」の観点からレヴィナスの後期愛撫論を捉え返したとき、そこで強調される自己瓦解の経験は、主体や他者を「地獄」という暴力的な関係性に引き込むものではな

（18）レヴィナスの引用では原文の「les regards humains」（cf. Noailles 1901：9）が「les regards」になっているため、本書では「humains」を補って翻訳している。

く、むしろ、自己と他者の境界が曖昧になり、混ざり合う「非アイデンティティ主義的な同じさ」の契機として解釈することが可能である。後期レヴィナスが語った「皮膚」を通じた「快楽」における主体の「核分裂」という自己瓦解の経験は（AE：159/105）、自己と他者との境界線が揺らぎ、混ざり合うようなセクシュアリティとして捉えることができるのだ。

以上のように、後期レヴィナスの愛撫論を、ベルサーニのセクシュアリティ論の観点から読み解いたとき、この愛撫論は、暴力的な関係性とは異なった、クィアなセクシュアリティの観点を指し示すことになる。そして、ベルサーニのクィア理論を介してレヴィナスの思想を解釈することは同時に、彼の議論を、「トラウマ」に根差した他者との異質な「差異」によるものではなく、「同じさ」という〈同質性〉を通じて解釈することに繋がる。

しかし、レヴィナスの思想を〈同質性〉の観点から捉えようとするとき、私たちは、一つの問題に直面する。それは彼が『全体性と無限』で行った「同」への批判である。

「同」とは、フランス語の Le Même、英語の The Same であり、まさに「同じさ（sameness）」を含んだ存在を意味する。『全体性と無限』においてレヴィナスは、このような「同」が、西洋哲学において優位性を持っていたと批判的に指摘し（TI：62/36）、このような「同」に「他」という「他なるもの」が「還元」されてしまっていることを問題視している（TI：58/33）。つまり、彼は自他の混ざり合いを、「同」に「他」を「還元」するものとして否定的に捉えているのだ。

このような「他」の「同」への「還元」に抗してレヴィナスが提示するのは、「他」の「異質さ」

に基づいた「分離」の構造である。

他者の異質さ（étrangeté）――他者が私や、私の思考や所有物に還元されないこと――は、まさに、私の自発性を問いただすこととして、倫理として成し遂げられる。形而上学、超越、「同」による「他」の、「私＝自我」による「他者」の迎え入れは、「他」によって「同」が問いただされることとして、言い換えれば倫理として具体的に生起する［…］。（TI：58/33）

レヴィナスは、「倫理」と呼ばれる「同」と「他」の関係性を、「同のエゴイズム」（TI：60/35）を問いただすような「他」の行為、「他者の異質さ」の出来事として捉えている。彼は「同」と「他」が異質な仕方で分かたれていることを積極的な事態として取り上げようとする。彼はこのような「同」と「他」の間の根本的な分離」（TI：44/24）、「他者の根本的な異質性（l'hétérogénéité）」（TI：45/25）、あるいは倫理的関係における「空間のある種の非同質性（non-homogénéité）」（TI：393/243）を『全体性と無限』においてはっきりと強調する。[19]『全体性と無限』においてレヴィナスが提示する「同」と「他」の関係は、「同」と「他」の「分離」、「他」の「異質性」という「差異」に基づいた図式であり、そこでは自他が混ざり合うような〈同質性〉の観点は批判の対象となっているのだ。

（19）例えばTI：179-184/104-108を参照。

だが、「他」の「異質性」を強調する『全体性と無限』において、そのような「分離」とは別の観点は存在しないのだろうか。「同」と「他」が「分離」するのではなく、「同」と「他」が混ざり合うようなクィアな議論を同著のテクストに見出すことは不可能なのだろうか。実際、第四章で取り上げたように、『全体性と無限』のセクシュアリティ論には他者を「享受＝享楽」する主体が、その他者と混ざり合う契機が潜在していた。本書最終章となる次章では、『全体性と無限』第四部のセクシュアリティ論をクィア・リーディングすることでこのような問いに応答したい。

終　章　「わたしたちのセクシュアリティ」
――レヴィナスのテクストに潜在するクィアな自己変容について

エロスは、いまだないい未来、私がつかむことのない未来に向かうだけではなく、私がこれからなろうとする未来に向かう。

――『全体性と無限』(1)

最終章となる本章では、前章で議論された後期レヴィナスの愛撫論における〈同質性〉の観点が、彼の中期セクシュアリティ論にも見出される、レヴィナス思想に通底するものであることを論じる。具体的には、『全体性と無限』の繁殖性概念を、初期自己論を介して読み込むことで、そこに「同」と「他」の「分離」とは異なる同質性を見出し、それとともに、その繁殖性概念から逸脱する文脈を読解することで、中期のテクストのうちに自他の混ざり合いを契機としたクィアな自己変容の可能性が潜在していることを明らかにする。さらに、本章では、クィアに読み解かれたレヴィナスのセクシュアリティ論が、単なる理論にとどまることなく、クィアな人々が生きる現実とその未来に

(1) TI : 489/304、強調原典。

開かれたものであることを証明したい。

1 『全体性と無限』における〈同質性〉

前章で指摘したように、レヴィナス思想を〈同質性〉の観点から捉えたとき、彼が『全体性と無限』で提示した「同」と「他」の「分離」と、「同」に対する批判が問題となってくる。同著は他者の「異質性」を強調しており、自他が混ざり合うありようは批判の対象となるのだ。しかし、『全体性と無限』第四部で論じられる繁殖性概念に関しては、そもそも、「同」と「他」の「分離」とは異なる図式が用いられている。それは、主体の「同じさ」を「他なるもの」にまで拡張するものである。

そこでまず、繁殖性概念に関する問いが立てられる初期レヴィナス思想に遡りたい。第二章で論じたように、彼の初期思想においては、「孤独」という自閉的な主体の構造に抗して、繁殖性の概念が提示されていた。そこで彼は、父としての主体が息子としての他者と生殖の水準で結び合う限りにおいて、その「孤独」な主体の排他的な構造が変容すると論じていた。このような「孤独」の問題を、本節では別の角度から取り上げてみたい。それは、ある種の〈異質な自己〉を抱えた主体の「孤独」である。そこでまず、以下の『実存から実存者へ』の記述を参照しよう。

志向と欲望の世界とは、まさしくこのような自由の可能性なのである。しかし、この自由は、私の実存それ自体の決定的なものから、つまり私が永遠に私自身と共にあるという事実から、私を引き離しはしない。そして、この決定的なもの、それが孤独なのである。(EE：178/144)

ここで、「孤独」という主体の自閉的な構造は、「私が永遠に私自身と共にあるという事実」と言い換えられている。つまり、「私と自己との決定的な繋縛」(EE：176/143)が「孤独」において問題となっているのだ。初期レヴィナスにとって「孤独」とは、たった一人でいるということよりも、主体が自分自身から離れることができないという「繋縛」を意味する。だからこそ、初期から中期において「孤独」は「自己への回帰」という形で特徴づけられていた。

そして、このように主体が繋ぎとめられる「自己」とは、主体にとって〈異質な自己〉である。初期レヴィナスは一九三五年の『逃走論』において、このような「自己」の経験を、自分自身に対する「恥ずかしさ」や「吐き気」から具体化している(cf. DE：163-171/85-92)。例えば、次の「吐き気」に関する記述を見てみたい。

吐き気の中には、そこに留まることの拒否、そこから脱出しようとする努力が存在している。ただし、ここにいう努力は常に既に絶望的なものとして特徴づけられている。どのように行為し、どのように思考しようと試みるとしても、いずれの場合にもこの努力は絶望的なものなのだ。そして、このような絶望、このように釘付けにされていること、それが吐き気の苦悩のすべてをなしているのである。自分自身であることの不可能性としての吐き気のなかでは、ひとは同時に自己自身に釘付けにされており、息の詰まるような狭い場所に押し込められている。

（DE：168/90）

「自己自身に釘付けにされ」る「孤独」の出来事は、吐きたいのに吐けないという気持ち悪さ、吐き気を感じている異質な自分（「自分自身であることの不可能性としての吐き気」）から距離を置くことができないという事態として具体化される。「孤独」であることは、初期レヴィナスにとって、「息の詰まるような狭い場所に押し込められ」るように「自己」から距離を取ることができずにいる〈異質さ〉なのだ。それは、『実存から実存者へ』の言葉を借りれば、「私とは他なるもの（autre que moi）」を「影」のように抱えることである（EE：185/151）。

逆に言えば、「孤独」に抗して提示される繁殖性概念は、このような〈異質な自己〉とは別の仕方で「私」に関する議論を展開する試みだと解釈できる。事実、繁殖性の問いとはそのようなものだった。そこで、第二章で引用した『時間と他なるもの』の記述を再度参照したい。

どのようにして私は、私がその現在においてそうであるような私であることなく、言い換えれば、自己へとどうしようもなく回帰する私であることなく、君のなかで私でありつづけうるのか。どのようにして私は、自己とは他なるものになることができるのか。そのようなことが可能となるには一つしか方法はない。父性によってである。（TA：294-295/85）

問いが「父性」に限定されているという点は、一旦脇において、記述の枠組みだけを取り出してみたい。ここで問われているのは、〈異質な自己〉から切り離された主体が（「自己へとどうしようもなく回帰する私であることなく」）、他者の内部でその同一性を維持し続けるという事態である（「君のなかで私でありつづけうる」こと）。繁殖性においては他者以上に「私」の構造が問題となっているのだ。事実、繁殖性概念を主題的に論じた論文「多元論と超越」によれば、「エロスの関係は、自我の自己性そのものの特徴、主体の主体性そのものの特徴として分析されるべきもの」である（PT：339-340）。

では、繁殖性においては、どのようにして、「私」と〈異質な自己〉との関係が変化するのだろうか。私はどのようにすれば、「自己」と異質ではない関係性を生きられるのか。それは、生殖を介して主体がその「自己」を子どもという「他者」において拡張することによって、言い換えれば、自己との関係を、〈異質さ〉ではなく、生殖において自己複製するという「同じさ」の関係として捉え返すことによってである。そこで、次の『全体性と無限』の記述を分析したい。

私の子どもは、一人の異邦人であるが［…］、単に私のものであるだけではない。なぜなら、私の子どもは私である、からだ。それは自己とは無関係であるような私である。

（TI：481/299、強調原文）

ここまでに見てきた繁殖性概念の問題背景を踏まえたとき、ここで「無関係」だと言われる「自己」は、「私」がそこに繋ぎとめられていたような〈異質な自己〉だといえる。実際、『全体性と無限』においても「自己への回帰から解放される次元」として「繁殖性の次元」が取り上げられている（TI：455/284）。

この〈異質な自己〉に対して、子どもとの生殖関係においては、「私の子どもは私である、」という「私」の存在の複製が主題化される。『全体性と無限』第四部の別の表現を借りれば、「繁殖性」は「同じもの（l'Identique）」の「二重性」を含んでいる（TI：482/300）。繁殖性概念においては、「私」が「同じもの」でありつつ、同時に「他なるもの」となるという自己複製の構造が問題となっているといえる。〈異質な自己〉との関係が、繁殖性において変化するのは、生殖を介することで主体が「自己」を「他者」において「同じもの」として複製することが可能になるからである。生殖関係において連続する限りで、私の子どもは異質ではない「自己」となりうるのだ。

したがって、繁殖性概念に関する議論、ひいては『全体性と無限』第四部の議論においては、同著で打ち出される「同」と「他」の「分離」という図式と「同」に対する批判は見出されない。そこではむしろ、「私」の「同じさ」が「他者」において拡張されることが問題となっている。『全体性と無限』第四部の記述を再び参照するのならば、「自己自身でありつづけながらも、自己自身とは他なるものになること」(TI : 491/305、強調原典)という自己複製の構造が、繁殖性概念における問いなのだ。したがって、レヴィナスの思想のうちに、ある種の〈同質性〉の観点を見出すことは不可能ではない。

しかしながら、このような繁殖性概念は、第二部で論じたように、家父長的な生殖を特権化する異性愛・シスジェンダー中心主義に根差したものだった。「父」と「息子」の間の〈同質性〉はホモソーシャルな関係性に横滑りする面があり、その意味で、レヴィナスが提示する同質性の理論は、クィアな人々の存在を抹消してしまうような帰結に陥っているといえる。

だが、レヴィナスが語る同質性の経験は、「父」が「息子」において自己を拡張することに留まるのだろうか。彼の中期の同質性に関する理論を、クィア・リーディングすることは不可能なのだろうか。例えば、レヴィナスの遺稿資料の一つである「エロスについての哲学ノート」の中では、「自己自身から、自我-自己のトートロジーから抜け出す」こと——つまり、〈異質な自己〉との関係を変化させる仕方が、繁殖性ではなく、「官能と愛撫」という「セクシュアルな出来事」のうちで可能になると語られている(Œ3 : 183/181)。実際『全体性と無限』においても、愛撫の経験は「他者を享受=享楽する可能性」としても論じられており、必ずしも生殖経験に還元されるものではなかった。このような彼の記述から、同質性に関するクィアな理論を引き出すことはできないのか。次節ではそのような問いに取り組みたい。

2 「女性化」というクィアな自己変容

繁殖性概念が論じられる『全体性と無限』第四部の記述には、規範性からの横滑りが垣間見られる。本節では、その逸脱を起点として、レヴィナスのセクシュアリティ論のうちにクィアな自己変容を見出したい。中期レヴィナスは、主体と他者との混ざり合いを通じて形態学的身体をトランスしてゆくようなセクシュアリティの構造を論じている。そこでまず、『全体性と無限』第四部の次の記述を分析しよう。

> 官能は、主体自身を変容させる。［…］官能における主体は、ある他者の自己［…］として自分自身を再発見するのであって、単に自己自身の自己として再発見するわけではない。肉感的なものや柔和なものとの関係が、まさにこうした自己をたえず再出現させる。主体の混乱は、主体としての統御によって受け止められるのではなく、まさにこれこそが主体の柔和な感傷であり、主体の女性化である［…］。（TI：488/302-303）

ここでレヴィナスは、「官能」というセクシュアリティの経験を通じて、主体が、「変容」し、「他者の自己」という同質的な存在として自身を認めることを記述している。「同」にとっての「他」の「異質性」、「分離」ではなく、「官能における主体」が、その「同じさ」を「他」にまで拡張する構造が問題となるのである。

確かに、第三章で見てきたように、『全体性と無限』第四部において主体は「官能」を通じて形成され、「愛する男」が「愛される女」を一方的に愛撫することで「息子」、そして「兄弟」を生殖していた。そのため、「官能」における「他者の自己」とは、そのような異性愛関係から生み出される「息子」の存在だと解釈できるように思われる。つまり、「他者の自己」とは、「父」としての主体の「自己」が、「息子」という「他者」に拡張されたものなのではないか。実際、「肉感的なものや柔和なものとの」関係性とは、「柔和さという肉感的なもの」（TI：463/289）と同じ表現によって特徴づけられる「女性的なもの」との異性愛の夫婦関係だといえる。

しかしながら、右において「他者の自己」の構造として強調されているのは、「息子」の生殖ではなく、「女性化」――「愛する男」がその性を変容させるというクィアな自己変容である。言い換えれば、「愛する男」が「息子」を生み出すことではなく、「愛する男」自身が「変容」することが問われているのだ。

「愛する男」と「愛される女」のシスジェンダーで異性愛の夫婦関係から引き出される、「父」にとっての「息子」や「兄弟」の生殖という『全体性と無限』第四部の展開において、「女性化」という表現は明らかにそこからすり抜けたクィアなものだ。この「女性化」という表現は、レヴィナスのテクスト全体を見ても唯一の用例である点で（cf. Ciocan & Hansel 2005：237）際立っているだけではなく、主体が「女性化」するという意味において、彼のテクストが一貫して他者を特徴づけるために用いてきた「女性的なもの」概念の用法からも逸脱している。「愛される女」を愛撫し、生殖へと連れ去ろうとする「愛する男」の権力的な態度は、この表現において攪乱されている。あたかも、「愛する男」と「愛する女」の「愛撫」は、生殖に行き着くのでなく、その「官能」のうちで、「愛する男」を変態させることに行き着くかのようだ。『全体性と無限』第四部の中で、「官能」を伴う「愛撫」において「私と自己との関係」が「攪乱」させられ、そこで「私」は、「絶対的な未来」に「連れ去られる」と語られるが（TI：466/290）、その「未来」は、「父」としての「私」が「息子」を生殖する「未来」であるだけでなく、セクシュアリティの経験を通じて「私」が「女性化」というクィアな自己変容へと至る「未来」としても解釈できるのではないか。レヴィナスが語るセクシュアリティを通じた「未来」とは、生殖を特権化するだけではなく、クィアに変態するものなのではないか。

例えば、次の『全体性と無限』の愛撫の記述を「女性化」という観点から読み込むのなら、そこに形態学的身体からトランスするようなクィアな自己変容の構造を引き出すことが可能である。

> 愛撫とは、なにもつかみとらないことであり、未来に向かって――決して十分に未来ではない未来に向かって――たえず自分の形態から溢れ出るものを懇請することであり、あたかもいまだないかのように逃れてゆくものを懇請することである。（TI：462/288）

第三章で見たように、愛撫における「いまだない未来」とは、「息子」を生殖するものであった。しかし、ここで愛撫が向かう宛先が、息子の生殖ではなく、愛撫する主体が変態する「女性化」だったとしたらどうだろうか。「女性化」を引き起こす「官能」が、『全体性と無限』においては「愛撫」の文脈から語られている以上（TI：463-464/289）、このような解釈の可能性を完全に否定することはできない。実際、『全体性と無限』第四部によれば、「エロス」とは、「いまだない未来に向かうだけではなく」、「私がこれからなろうとする未来にも向かう」ものである（TI：489/304、強調原文）。

そして、このような「女性化」の観点から、右の「たえず自分の形態から溢れ出るものを懇請すること」としての「愛撫」の経験を解釈したとき、それは主体の形態学的身体——つまりセックスとしての身体を逸脱するような自己変容として捉えることが可能である。「エロス」を通じて「私がこれからなろうとする未来」とは、「たえず自分の形態から溢れ出るものを懇請すること」なのである。事実、「女性化」の文脈において「官能は主体自身を変容させる＝形態をトランスする（transfigure）」と言われ（TI：488/302）、捕囚手帳では、「官能」は「形態以上の形態」と呼ばれていた（CE1：62/54）。したがって、レヴィナスが「女性化」という観点から論じる自己変容の経験は、主体の形態学的身体をトランスするような事態でもあるのだ。彼は、「女性化」概念から、セクシュアリティを通じて形態学的身体が変容するある種の性別移行の経験を捉えようとしているといえる[三]。

ところで、このようなクィアな自己変容は、「他者の自己」という、「私」の「同じさ」が拡張される現象として提示されていた。この「同じさ」は、具体的にどのような経験なのだろうか。「女性化」概念が、繁殖性概念とは別の文脈の概念であることを示すためにも、この「他者の自己」が父と息子のホモソーシャルな関係とは異なるものであることを論じる必要がある。そこで本書では、「女性化」という自己変容の構造のうちに、〈同質性〉の観点を引き出すことを試みたい。「女性化」における「他者の自己」とは、自他の混ざり合いの経験を通じて見出される存在である。そこで、「女性化」は、セクシュアリティの経験において、「私」の性——ひいては形態学的身体が、ある種の「同じさ」を介して変容するクィアな仕方として浮き彫りになるだろう。

そこでまず、「女性化」が、「同じさ」としての「自己」との関係をあらわにするものでもあることを確認するために、『全体性と無限』第四部の次の記述を参照しよう。

> 官能における主体は、ある他者の自己〔…〕として自分自身を再発見するのであって、単に自己自身の自己として再発見するわけではない。〔…〕主体の混乱は、主体としての統御によって受け止められるのではなく、まさにそれこそが主体の柔和な感傷であり、主体の女性化である。これをヒロイックで男性的な自我は「真面目な物事」とは際立った対照をなす物事の一つのように思い出すことになる。エロス的関係においては、定位に由来する主体性が特徴的に一変する。すなわち、自己を定位しつつ「ある」という匿名性を停止させ、光を開示する実存のあり方を決定するヒロイックで男性的な自我が一変するのである。〔…〕〔ヒロイックで男性

的な」自我は、自己に回帰し、どれほど再開を繰り返したとしても、みずからを「同」として再発見するのであり、孤独なまま両足で着地して無事に切り抜け、不可逆な運命を描き出すだけである。

（TI：488-489/303）

レヴィナスは、「女性化」において、「ヒロイックで男性的な自我が一変する」と語っている。ここで注目したいのは、この「ヒロイックで男性的な自我」が、「孤独」と特徴づけられていることだ。確かに「ヒロイックで男性的な自我」は「同」として批判的に扱われているが、ここで問題なのはむしろ、その自我が「孤独」と呼ばれる〈異質な自己〉を抱えていることだろう。「女性化」と対比して、「ヒロイックで男性的な自我」が「自己に回帰」すると言われるときの、「自己」とは、初期自己論で語られた〈異質な自己〉なのではないか。事実、「孤独」が問題化される初期著作において、〈異質な自己〉を抱える主体化はまさに「男性性」から論じられている。そこで『実存から実存者へ』の次の記述を分析したい。

（2）渡名喜は「女性化」概念の重要性を指摘している数少ない研究者だが、この概念を脱性化するだけではなく（渡名喜 2024：90）、「異他化」という差異の観点から捉えているため（渡名喜 2024：140）、本書は彼とは異なった解釈を提示する。

瞬間の主体化、そこでは主体の支配、主体の力、主体の男性性が世界内における存在として現れる［…］。〔けれども〕この〔主体の男性性としての〕瞬間の主体化のうちに「ある」の回帰を見出すことができる。主体化は、「ある」に融即しつつ、自らを、孤独として、自我の自己への繋縛という決定的なものとして再発見する。

（EE：176/142-143、強調引用者）

初期レヴィナスは、主体化を、ある種の「男性性」と形容しながら、そのような「男性性」を含んだ主体が、「孤独」に、言い換えれば「自我の自己への繋縛」という〈異質な自己〉を抱える事態に陥ってしまうことを論じている。初期レヴィナスにおいて「男性性」とは、ある種の自己自閉、異質な自己を抱えて行き詰ってしまうありようを意味していた。「ヒロイックで男性的な自我」もまた〈異質な自己〉を抱える主体であり、この自我のありようと対比させて語られる「女性化」とは、「異質な自己を抱えた存在」＝「男性的な主体」とは別の仕方で、つまりある種の「同じさ」を介して主体の構造を論じようとした概念だと解釈できる。[3]「女性化」とは、何らかの「同じさ」を契機とした経験なのだ。

さらに言えば、〈異質な自己〉を抱えた主体が「孤独」という形で自閉してしまうのに対して、「女性化」は、親密な他者へと開かれることによる自己変容であり、中期レヴィナスにおいて、〈異質な自己〉とは別の仕方で生きられる「同じさ」とは、自己に閉じたナルシズムではなく、他者との関係性を核としていた。

「女性化」における「同じさ」が、他者との関係性を核とするという点をさらに別のテクスト群から詳しく見てゆきたい。ここから「女性化」における「同じさ」の構造もよりはっきりと浮き彫りになるだろう。そこでまず焦点をあてたいのが、初期から中期のレヴィナスのテクストにおける「ある（il y a）」概念の文脈の変化である。

「ある」とは、特に初期レヴィナスが論じた概念で、一つには主体がその外部と「融即」することで自他の境界がなくなり、主体が非人称化する経験として論じられている（cf. EE：128-129/98-99）。具体的には、夜中に不眠で眠ることができず、真っ暗な部屋の中に自分の存在が溶け込み、「私」自身は眠りたいのに、「私」ではない非人称な何かが覚醒している状況が例として挙げられる（cf. EE：141-144/109-112）。初期レヴィナスの言葉を借りれば、「〔「ある」という〕夜の覚醒は、匿名である。不眠のうちには、夜に対する私の覚醒があるのではない、覚醒しているのは夜自身なのだ。「それ」が目覚めている」（EE：143/111、強調原典）。「ある」は自他の境界を暴力的に崩してゆく出来事である。

先の引用文で、「主体化は、「ある」に融即しつつ、自らを、孤独として、自我の自己への繋縛と

（3）確かに、ここでレヴィナスは男性性と女性性を対立的に考える二元論に陥ってしまっており、彼の議論において例えばトランス男性が生きるような「男性化」の観点は見出されないように思われる。しかし、「女性化」概念が形態学的身体をトランスすることを示す概念である以上、レヴィナスが提示するクィアな自己変容論には、女性性とは別の仕方でジェンダーを生きる「男性化」のような観点も含まれうると本書は考える。

いう決定的なものとして再発見する」（EE：176/142-143）と言われていたように、「ある」の「融即」は〈異質な自己〉を抱える経験とも見なされる。逆説的に見えるが、初期レヴィナスにおいて、自他の境界がなくなることは、主体が異質な存在を抱え込んでしまうことを意味しているといえる。

しかし、「女性化」が論じられる中期の『全体性と無限』第四部では、この「ある」の構造が全く別の意味を帯びることになる。というのも、同部では「「ある」の無名のざわめきとしての夜のかたわらには、エロス的なものの夜が広がっている」（TI：464/289）と「ある」とセクシュアリティが地続きに語られているからだ。そのため、「ある」の「融即」の観点は、『全体性と無限』第四部においては、セクシュアリティの経験として読み替えられている。(4) 中期のセクシュアリティ論においては、「ある」の暴力的なニュアンスは薄れ、「ある」における自他の境界の曖昧化という構造だけが強調されるようになる。一九四九年に記された捕囚手帳で既に、「エロス」を介した「同じ感情（même sentiment）への二つの主体の融即という弁証法的状況」が語られているが（CE1：222-223/190）、レヴィナスにおいて、「ある」の「融即」は、セクシュアリティの水準での「同じ感情への」自他の混ざり合いとして語り直されるのだ。

そして、『全体性と無限』第四部のテクストはそのような「同じ感情への」自他の混ざり合いの経験を明確に論じている。そこで同部の次のテクストを参照したい。

官能が成就する感じるものと感じられたものの共同行為が、カップルの社会を囲い、閉じ、それに封をする。官能の非社会性とは、肯定的には感じるものと感じられたものの共同体である。他者は、単に感じられたものであるだけではなく、あたかも同じ感情が私と他者に実質的に共通しているかのように、感じられたものの中に感じるものが明確に現れる。

（TI：476/297、強調原典）

確かに、レヴィナスは「官能」というセクシュアリティを「非社会性」のような閉じた仕方で論じている。だが、右の記述で重要なのは、「官能」という「女性化」の契機が、「あたかも同じ感情（même sentiment）が私と他者に実質的に共通しているかのように」と自他の混ざり合いとして特徴づけられていることである。ここでは、自他の「分離」ではなく、自他が「同じ感情」を共有し合うことがセクシュアリティの核になっている。彼が語るこの「同じ感情」とは、『全体性と無限』第四部の他の記述を参照するのならば、「官能の官能、他者の愛を愛すること」（TI：477/298）、あるいは「他者の快楽の快楽」（TI：489/304）といったセクシュアリティの水準での主体と他者との混ざり合いのことである。(5)「女性化」を引き起こすのは、セクシュアリティにおける自他の混ざり合いな

（4）厳密にいえば、『実存から実存者へ』の時点で「ある」はセクシュアリティの経験として読み替えられている面がある。というのも、「ある」の経験を形容して用いられる「眩暈」や「空虚」（EE：152/121）が、同著のセクシュアリティ論の文脈では「官能」の経験として語り直されているからだ（EE：88/66）。

のである。このように、捕囚手帳で語られた「エロス」の「同じ感情への」自他の混ざり合いという論点は、『全体性と無限』第四部において明確に展開されているといえる。

「女性化」に至った主体が「自分自身」を「他者の自己」として「再発見する」と語られるのも、「女性化」が自他の混ざり合いを契機としたものだからである。レヴィナスは、形態学的な身体がセクシュアリティの経験を通じて変容する構造を、自他の「同じさ」を起点に捉えている。セクシュアリティを通じて私とあなたが混ざり合うことで、私は自分の性を変態させてゆくのだ。

以上のように、『全体性と無限』第四部の記述には、規範的な繁殖性の観点だけではなく、自他の混ざり合いを契機として、形態学的身体をも超えてゆくようなクィアな自己変容に関するセクシュアリティの観点が潜在していると見なすことが可能である。そして、そのような自己変容の可能性は、近年のトランスジェンダー研究にも応じるアクチュアルな視点を用意している。近年のトランスジェンダー研究では、SOGI概念のようにジェンダー・アイデンティティとセクシュアル・オリエンテーションを峻別させる見方に対して、セクシュアリティという対人関係が、当事者のアイデンティティ形成に与える影響が注目されている（cf. Bettcher 2014 ; Salamon 2010 ; 佐川 2023）。例えば、佐川魅恵は、トランスジェンダーの語りの分析を通じて、トランスジェンダーにおける「恋愛／性愛がもたらす性的指向と性自認との不可分な結びつき」を指摘し、その「恋愛／性愛」の経験から、トランスジェンダーの身体イメージが新たに形成される事態を論じている（佐川 2023 : 45）。そこにおいて、レヴィナスの「女性化」という観点もまた、クィアな人々に関するアクチュアリティとも合流する可能性を秘めているといえるのではないか。

では、このような同質的でクィアな自己変容は、実際にクィアな人々によって生きられるものなのだろうか。さらに言えば、前章から本章にかけて見出してきたレヴィナスのセクシュアリティ論におけるクィアネスは、理論という枠組みを超えて、クィアな人々の現実と重なり合うのだろうか。次節では、この問いに答えることで、レヴィナスをクィアな人々の生/性へと開きたい。

3 「わたしたちのセクシュアリティ」の現実とその未来

レヴィナスのセクシュアリティ論を、クィアな人々の生/性へと開くために、国内の当事者の語りを掘り起こし分析したい。まず取り上げたいのが、ROSの『トランスがわかりません!!』(2007)に掲載された、瑞恵の「関係が変える私の性」と題されたテクストである。

瑞恵は第一に、自身のアイデンティティの揺らぎを語る。自身を「トランス当事者」とはカテゴライズできないが、「いわゆる「マジョリティ」とも「マイノリティ」とも共有できない何かがあ

(5) 前章で指摘したように『全体性と無限』の愛撫論は、感性的経験を超えた水準——生殖の水準を強調する。その意味で、本書が強調するこのような「同じ感情」への混ざり合いの経験は、『全体性と無限』のプロットにおいて副次的なものに過ぎない。そのため本書は、同著の周縁的な主題をあえて引き受けるという試みを行っている。

ることに、孤独を感じたこと」があり、「いつだって普通の「女」ではあれなかった」（瑞恵 2007：82）。そして、この自己のアイデンティティの揺らぎに対して、特定のカテゴライズを行うことよりも、瑞恵は自身が生きてきた「関係性」を語ることで、この揺らぎを言語化しようとする（cf. 瑞恵 2007：83）。

そこで注目したいのが、次のような瑞恵の語りだ。この語りには、本書がレヴィナスから引き出したクィアな観点に通じるものが現れている。

いま一番しっくりきているのは、身体的には「男」だが、自分が「男」ではないと感じている人との関係である。その人は広い意味でのトランスといってもいいかもしれない。わたしは自分が「女」であると感じていないし、その人は自分が「男」であるのに違和感・嫌悪感がある。外見でいえば男と女の取り合わせでも、二人のあいだで「男役」－「女役」をとることはほとんどない。二人の関係のなかでそういう役割をしなくていいからこそ、楽に一緒にいられるといってもいいだろう。外見から見てヘテロセクシャルなカップルでも、実際はそうとは限らないということだ。そういうわたしたちのセクシュアリティは、一体何と呼んだらいいだろうか。

（瑞恵 2007：87）

「外見から見てヘテロセクシュアルなカップル」であっても、瑞恵は「自分が「女」である」ことに揺らぎを感じ、パートナーも「男」であることに揺らぎを感じている。「そういうわたしたちのセクシュアリティは、一体何と呼んだらいいだろうか」という瑞恵の問いかけが、瑞恵とパートナーとの間のセクシュアリティのカテゴライズし難い揺れ動く関係性を浮き彫りにしている。

だが、このような揺れ動く「わたしたちのセクシュアリティ」が、「しっくりきている」、「楽に一緒にいられる」と語られるように、互いに肯定的に関わる契機ともなっている。その理由の一つは、瑞恵もパートナーも、出生時に割り当てられた性別からの揺らぎを生きるという点で、ある種の〈同質性〉を共有しており、「「男役」‐「女役」」という規範的な異性愛の性役割に基づいた抑圧関係とは別の関係性を生きているからだといえるだろう（「二人の関係のなかでそういう役割をしなくていいからこそ、楽に一緒にいられるといってもいいだろう」）。

事実、この関係性においては、「わたしはいつもどおりあぐらをかいて座り、ちょっとぶっきらぼうな素の話し方でも良いと思える。同時に、気負いなく「女らしい」こともできる」と語られ、「多分、わたしが抵抗感があったのは、「男」に対しての「女」だったのだろう」と、異性愛の性役割に基づいた「差異」による抑圧関係が外部化される（瑞恵 2007：87-88）。また、セックスの場面においても、「性器と男性／女性の役割を結びつけるのを止めて、多分いくらか自分の身体を受け入れやすくなったと思う」とも語られている（瑞恵 2007：88）。

このような「わたしたちのセクシュアリティ」とは、揺らぐジェンダー・アイデンティティとセクシュアリティを共有し合う〈同質性〉に基づいた関係性だといえないだろうか。実際、瑞恵のパートナーの「セックスの場面」での「感覚やファンタジー」は、「レズビアン系」だと指摘されている（瑞恵 2007：88）。

以上の瑞恵の語りを介したとき、後期レヴィナスが愛撫論を通じて提示した同質的な「皮膚」の観点は、クィアな人々の間で生きられる関係性のありように重なってゆく。瑞恵は、「性器と男性／女性の役割を結びつけるのを」止めるような曖昧な身体性を通じてパートナーとの〈同質的な〉関係性を紡ぐ。後期レヴィナスの愛撫論に含まれるクィアなセクシュアリティは、クィアな人々によって生きられる現実なのである。

さらに、この瑞恵が生きる「わたしたちのセクシュアリティ」は、レヴィナスが「女性化」という概念から論じていたクィアな自己変容にも開かれている。先のパートナーとの関係性に留まらない非モノガミー的な関係性を生きる瑞恵は、次のようにその関係性を介した自己変容の可能性を語る。

> 性的な関係について、性行為のしかたについてなど、一人ひとりとのあいだで見定めていこうとするのは、本当に根気も時間もかかる作業である。それでも、長い苦闘や対話の末に、いまわたしが手にしたいくつかの関係は、既存の枠組みには収まらない欲望を持つわたしや相手にとって、かけがえのないものだ。唯一の恋人と定めなくても、セックスでコミュニケーションできる人、そして、とても大切な関係でありながら、セックスをしないことを許してくれる

人。

これら大切な人たちとの関係を通じて、わたしは「女」を受け入れつつあり、同時に「女」に縛られなくなりつつある。そしてまた、新しい関係が、わたしの性の形を変えていくのだろう。

（瑞恵 2007：88）

モノガミーとは別の仕方で、規範性の外部にある〈同質性〉を共有するセクシュアリティ（「既存の枠組みには収まらない欲望を持つわたしや相手」）を生きる瑞恵は、その〈同質性〉を通じて自身が「新しい関係」に開かれ、そしてその関係性を介して自らが変わってゆく可能性、しかも、瑞恵にとって異質ではない仕方（「「女」を受け入れつつあり」）で、かつ形態学的身体を超えて（「「女」に縛られなくなりつつある」）自己変容する可能性を語っている（「新しい関係が、わたしの性のかたちを変えていくのだろう」）。ここにはまさに、レヴィナスが『全体性と無限』第四部で語った、同質的なセクシュアリティを通じた自己変容——セクシュアリティにおける「私がこれからなろうとする未来」に向かう運動が見出される。彼が「女性化」概念を通じて示唆したありようもまた、クィアな人々が生きる現実と交錯するのだ。

ここで、別の当事者の語りを参照してみたい。『シミズくんとヤマウチくん』（2024）に掲載されたエッセイ「奇妙なふたり」の中で清水えす子は、ノンバイナリーのパートナーである山内尚との関係性を次のように語っている。

かつてレズビアンカップルとして見做され、自分たちでもそう思っていた私たちの輪郭はわかりやすい名前を失ってとろりと溶けた。家人は世の中の女性、男性という枠組みのすき間をゆらりゆらりと行き来する。その家人とパートナーシップをむすぶ私がレズビアンと自称するのは実情とやや乖離してしまうだろうか、などと考えもする。家人にとってのノンバイナリーやジェンダーフルイドという単語たちが、自称するのに悪くはないが、まるであつらえたようだとまではいかないように、細分化される分類の網の目から私たちの、そして誰かたちのアイデンティティはとろりと蜜のように零れでる。

（山内・清水 2024：57）

確かに、「世の中の女性、男性という枠組みのすき間をゆらりゆらりと行き来する」という意味で、山内のノンバイナリーとしてのありようは、規範的なカテゴリーからの逸脱として読むことができる。しかし、山内は、「レズビアン」といったクィアなありようからも逸れてゆく。そして、逸れた先では「溶けた」、「とろりと蜜のように零れでる」と言われるように、何らかの形が曖昧になることが示唆されている。

だが、この「溶け」、「とろりと蜜のように零れでる」のは、山内個人のありようだけではない。それらの動詞の主語が「私たちの輪郭」、「私たちの［…］アイデンティティ」と語られるように、曖昧になってゆくのは山内と清水の間の「レズビアン」であることをも含んだセクシュアリティのありようでもある。ここには、瑞恵が「わたしたちのセクシュアリティは、一体何と呼んだらいいだろうか」と問いかけたセクシュアリティの揺れ動く仕方が垣間見られる。

このような山内と清水の揺れ動くセクシュアリティもまた、ある種の〈同質性〉によって引き受けられている。「溶け」、「とろりと蜜のように零れでる」先で、山内と清水は混ざり合う。そこで、『シミズくんとヤマウチくん』と同時に出版された山内の『ノンバイナリースタイルブック』（2024）に掲載された「パートナーと共に装う――世界と対峙する方法」というエッセイを参照したい。山内によれば、山内と清水は「背の高さも体型もよく似て」おり、二人は「共にこの世界に立ち向かうために、お互いに服を共有し、テーマを組み立て、二人で外に飛び出すように」なったという（山内 2024：58）。実際、このスタイルブックの中には「おそろい」というページが存在しており、そのページには双子のようにコーディネートした山内と清水の姿が描かれている。そこには互いに似てゆくこと、混ざり合ってゆくことの喜びが映し出されている。ノンバイナリーとしてのありようへの無理解が山内に向けられる中で、「パートナーとふたり、この世界と向き合うとき、ひとりでいることの心もとなさはかき消え、服を着ることの純粋な喜びと、ふたりで〝おそろい〟にすることの楽しさにこころは満たされる」と山内は記す（山内 2024：60-61）。ノンバイナリーである山内にとって〈異質な〉「この世界」とは正反対に、山内と清水の関係性は装いを通じて〈同質的に〉、そして「喜び」や「楽しさ」を通じて肯定的に混ざり合う。

山内と清水の揺れ動くクィアなセクシュアリティは、混ざり合う装いの「楽しさ」によって肯定的に引き受け可能なものとなる。ノンバイナリーとの間のセクシュアリティという形態学的身体を超えた関係性は、ある種の〈同質性〉を介して生きられるのだ。レヴィナスが論じたクィアなセクシュアリティは、ここでも生きられた現実となっている。

そしてこのような山内と清水の関係性は、未来にも開かれている。「奇妙なふたり」の中で清水は、清水と山内の混ざり合う関係性を、「ロールモデル」のような「皆のためのわかりやすい灯台にならずとも、気まぐれな街燈や民家にあるちぐはぐなシャンデリアや道行く懐っこい鬼火になって両手を広げて届くくらいの範囲でも照らしたら、孤独感と絶望感に張り詰めただれかのまなじりをふっと緩ませることができるかもしれない、そうであってほしいと思う」と語っている（山内・清水 2024：58）。〈同質性〉を通じた二人のクィアな関係性もまた、「そうであってほしい」と願われるような、「私がこれからなろうとする未来」に向かって開かれているのだ。

以上のように、本書が論じてきたレヴィナスのセクシュアリティ論は、クィアに読み解かれる可能性を秘めた理論であるだけではなく、クィアな人々の生／性に開かれたものである。彼の思想は、繁殖性によってクィアな人々の未来を抑圧するだけではなく、その現実と未来に結びつくものでもあるのだ。

おわりに――レヴィナスをクィアに／へ開く

レヴィナスのセクシュアリティ論は、表向きはクィアな人々の存在や経験を抹消してしまっているが、そこにはクィアな読解可能性が広がっている。哲学やユダヤ思想として理解される彼の思想は、クィアな観点を含んだものとしても解釈可能であり、クィアな人々がアクセス可能な理論なのだ。家父長的な生殖を特権化する異性愛・シスジェンダー中心主義というレヴィナスの〈ストレートな〉目論見に反して、彼のテクストはクィアに逸れてゆく。

そして、レヴィナスのテクストをクィア・リーディングする本書の試みは、彼の思想を自己と他者とが混ざり合うセクシュアリティの視座から展開される理論として再構築することを可能にするだろう。クィアに読み解かれた彼の思想は、同質的な「皮膚」を通じた「同じさ」や自他の混ざり合いに基づいたクィアな自己変容といった議論を提示する。このような〈同質性〉の視座は、「外傷の哲学」（村上 2012；村上 2023）という異質さを起点とした仕方で解釈されることの多いレヴィナス思想を、「外傷」のような他者との暴力的な関係性ではなく、自己と他者とが対立することなく混ざり合うクィアなセクシュアリティに関する思想として解釈することに繋がるだろう。彼の思想は、自他の「分離」だけではなく、自他の混ざり合いをも論じるものなのである。

例えば、『全体性と無限』第四部のセクシュアリティ論は、従来のレヴィナス研究において、自他が分離した経験に関する議論として論じられることが多かった（ex. 渡名喜 2021：424-425；戸谷

2024：194-223）。実際、高野浩之は「レヴィナスにあっては、自他が決定的に二者に分離していることがエロスの本質」だと論じている（高野 2022：52）。しかし、本書の議論に従えば、そのセクシュアリティ論には、自他の分離だけではなく、その混ざり合いが潜在していることが明らかにされるだろう。レヴィナスのセクシュアリティ論は、自他の「異質性」ではなく、自他の〈同質性〉に基づいて解釈可能なのだ。

また、〈同質性〉の視座からレヴィナスの思想を捉えることは、セクシュアリティの文脈だけではなく、彼の思想に向けられてきた「人間中心主義」という批判の文脈にも応答しうる形で議論を再構築することに繋がるだろう。デリダは『動物を追う、ゆえに私は（動物）である』においてレヴィナスは「動物を倫理の回路から」外していると批判し（デリダ 2006=2023：255）、これに応じるように、グレアム・ハーマンも自らの論文の中でレヴィナスの理論は「偏狭な人間の王国に取り残されたままになっている」と語っている（Harman 2007：28）。レヴィナスの議論は人間以外の存在を排他的に扱っていると指摘されてきたのだ。しかし、〈同質性〉の観点からレヴィナスの思想を解釈するとき、そこでは、人間としての自他の境界だけではなく、人間と非人間との境界が曖昧になる現象を捉えることが可能になる。例えば、「皮膚」を通じて自他の境界が曖昧になる場合、必ずしもその「他」は人間である必要はない。実際、『存在の彼方へ』でレヴィナスが引用していたノアイユの詩においては、主体が自然と混ざり合うありようが描かれていた。本書のレヴィナス解釈は、このようにレヴィナスの思想を脱人間中心主義的に捉える手掛かりを与えるものとなるだろう。

さらに言えば、レヴィナス思想を〈同質性〉に関する思想として提示することは、二〇世紀フランス思想研究を刷新させることにも寄与する。二〇世紀フランスを代表する思想家であるデリダの主著『差異とエクリチュール』（1967）やジル・ドゥルーズの主著『差異と反復』（1968）に顕著なように、二〇世紀フランス思想は「差異」という観点を大きな主題として展開されてきた。これに対して、本書の試みは、二〇世紀フランス思想史に〈同質性〉の観点を導入するものであり、これまでとは異なった二〇世紀フランス思想の一面を明らかにする試みであるといえる。

では、他方で、レヴィナスのセクシュアリティ論をクィア・リーディングすることのクィア研究にとっての意義とはなんであろうか。

クィアに読み解かれたレヴィナスの思想が提示する〈同質性〉の観点は、自他が対立によらず繋がるセクシュアリティを示唆するものである。自他が混ざり合う〈同質性〉の観点からクィアネスを捉えることは、クィアな人々が自己の外部と肯定的に繋がり合う仕方を明らかにする。それは、クィアな人々に関する議論を、本書が最終章で行った瑞恵や清水、山内の語りの分析のように、差別や権利といった対社会的な問題ではなく、親密な他者との肯定的な関係性において展開させることを可能にさせる。確かに、現在の社会構造や法制度においては、クィアフォビックな言説や眼差しを批判的に議論することは極めて重要な試みである。しかし他方で、クィアな人々は現にこの社会で生活をしており、他者や世界と肯定的に繋がっている。レヴィナス思想が提示する〈同質性〉を通じたセクシュアリティ論は、クィアネスに対するフォビックな言説が増加する現在の社会に抗して、こうしたクィアな人々の生活世界を浮き上がらせ、クィアネスに対する当事者の肯定的な言説を豊かにさせる。レヴィナス思想をクィア・リーディングすることは、クィア研究にとっても必要不可欠な抵抗戦略に寄与するのだ。

加えて、本書が明らかにした〈同質性〉の観点は、既存のクィア研究を拡張することにも繋がるだろう。序文で論じたように、ベルサーニやニコルズといった研究者が〈同質性〉の観点から、クィアな人々の経験を論じてきたが、その議論はシスジェンダーの同性愛者に基本的に限定されており、トランスジェンダーが生きる〈同質性〉は対象にしてこなかった。このような研究の態度に対して、終章で論じたようにレヴィナスの〈同質性〉に関する議論は、トランスジェンダーの人々が生きる経験にも適応可能なものである。本書の議論は既存のクィア研究における〈同質性〉という主題を、トランスジェンダーの議論にまで拡張しうるものとして提示する。そして、このような射程をもつ本書の議論は、サラモンが『身体を引き受ける』で行ったトランスジェンダーにおける同性愛関係を理解するための理論（cf. Salamon 2010：109-115/61-72）をさらに展開することにも繋がるだろう。

エイズ危機においてクィアな人々が社会的な死に直面していた一九八八年に、レヴィナスが垣間見たセクシュアリティに関する「さらに探求すべき展望」、それは理想論でなければ、遠い未来の話でもない。それは、今ここで、「わたしたち」が生きる現実とその未来である。「わたしたち」の生／性に呼応して、レヴィナスのテクストはクィアに／へ開かれることを、今まさに、待っている。

あとがき

本書は二〇二四年三月に大阪大学に博士論文として受理された原稿を、改稿したものである。終章のみ博論から大幅に加筆修整している。また、執筆にあたっては、以下の拙稿を参照している。

第一章　書き下ろし
第二章「初期レヴィナスにおける性の記述の問題――その規範性と可能性をめぐって」『現象学と社会科学』第五号（日本現象学・社会科学会、二〇二二年）
第三章「レヴィナスにおけるクィアな可能性を開くために――『全体性と無限』における繁殖性の問題から後期レヴィナスの展開へ」『年報人間科学』第四五号（大阪大学大学院人間科学研究科社会学・人間学・人類学研究室、二〇二四年）
第四章　書き下ろし
第五章「老化の対人関係――レヴィナスにおけるプルーストから」『フランス哲学・思想研究』第

二三号（日仏哲学会、二〇一八年）
第六章「セクシュアリティの「ままならなさ」――ベルサーニとレヴィナスのクィアな性交渉論を通じて」『フェミニスト現象学』（ナカニシヤ出版、二〇二三年）及び「ベルサーニをトランスする――ベルサーニのクィア理論におけるトランスリーディングの可能性」『Gender&Sexuality』第一九号（国際基督教大学ジェンダー研究センター、二〇二四年）
終章「エマニュエル・レヴィナス現象学におけるセクシュアルな自己変容記述の解明」『年報人間科学』第四一号（大阪大学大学院人間科学研究科社会学・人間学・人類学研究室、二〇二〇年）

高校三年の冬、新宿の紀伊國屋書店でバタイユの本を探していたときに、偶然手に取ったのが西谷修訳の『実存から実存者へ』であり、それが私にとって初めてのレヴィナスのテクストとの出会いだった。手に取って開いた頁は愛撫に関する議論を展開していた。意味はほとんど理解できなかったが、私はその議論に強く惹きつけられた。当時、まだカミングアウトしていなかった私のクィアな欲望が、レヴィナスのテクストを通じて確かに触発されたのだ。これは極めてパーソナルな出来事だが、パーソナルな欲望をテクストのうちに見出すことこそ、クィア・リーディングの本領だろう。

　実際、レヴィナスをクィア・リーディングする本書の試みは、私のジェンダークィアとしての生存可能性を推し拡げてくれるパーソナルな試みでもあった。

序文で記したように、クィアな主題とレヴィナス思想を結びつける自分の研究を、「そんなものと〔レヴィナスを〕一緒にするな」とレヴィナス研究者から罵倒された経験が私にはある。それから私は、レヴィナスを自分の言葉で語る権利や可能性を喪失する感覚に襲われた。「そんなものと〔レヴィナスを〕一緒にするな」と言うときの「そんなもの」とは、ジェンダークィアとしての私の実存、人生そのものだからだ。その暴力的な言葉にひどく傷つき、学会発表をしようとする度に同じことが繰り返されるのではないかという考えがよぎるようになり、震えや動悸が止まらなくなった（それは今も続いている）。レヴィナス研究を行うことだけではなく、研究者としてのキャリアを断念しようと思った時期もあるし、ジェンダークィアとしての人生をおしまいにしてしまおうと思ったことも何度もある。

しかし、私はこうしてレヴィナスをクィア・リーディングする書籍を残すことができた。それは、彼のセクシュアリティ論を読み解く作業が、私のジェンダークィアとしての生／性を肯定してくれるものであったからだ。彼の理論は、レヴィナス研究に否定された私のクィアな実存を、それでもなお生き延びさせるものとして働いた。だからこそ、私はこの本を書くことができた。

確かに、レヴィナスのセクシュアリティに関する言説は、規範にまみれている。だが、同時にそこには、その〈ストレート〉な目論見から逸脱するクィアな裂け目がいくつも存在している。彼のテクストにはクィア・リーディングをすることの魅力、魅惑が満ち溢れているのだ。その魅力、魅惑は抗しがたいもので、傷ついた私のジェンダークィアとしての生／性をもエンパワメントし、救い出すものだった。彼の理論は、クィアに読み解くことが可能なものであり、そして、クィアな人々の生／性――特に肯定的に生きられた生／性に開かれた、つまり「わたしたち」のレヴィナスとなりうるものなのだ。

本書を書き上げるにあたって、本当に数多くの方に助けて頂いた。左記に名前を挙げる方々だけではなく、色々な人たちが私の研究を、そしてジェンダークィアとしての実存を後押ししてくださった。心からのありがとうを伝えたい。

まず、指導教官の村上靖彦先生に感謝を申し上げたい。村上先生は、レヴィナス研究において異質ともいえる私の研究テーマの可能性を見出してくださり、自分の研究に対して自信を失いそうになる私の心を常に鼓舞してくださった。また、マイノリティとして安定とは程遠い研究生活を送る私に対して、修士課程から博士課程まで、的確であたたかいアドバイスを継続的にくださった。

次に、藤高和輝さんにお礼を伝えたい。藤高さんからは、研究が座礁したとき、いつも私に寄り添い、ふたたび研究を前に進めるための言葉を頂いてきた。また、マイノリティとしての私のありようも、どんな時でもやわらかに受け止めてくださった。自分がジェンダークィアであることを本書で引き受けることができているのも、藤高さんのお陰である。藤高さんがいらっしゃらなかったら本書は書き上げられなかっただろうと思っている。本当にありがとうございます。

村田純一先生にも感謝の言葉をお送りしたい。立正大学に在籍時代、レヴィナスでのレポートを村田先生が評価してくださったことが、研究者を志すきっかけとなった。村田先生がいらっしゃったからこそ、今の私のレヴィナス研究は存在することができている。

赤阪辰太郎さんと徳山晶さんには、それぞれ本書の核となる論文への貴重なアドバイスを頂いた。本書の議論が開かれたものになっているとしたら、ひとえにお二人のお力添えによるものである。ありがとうございました。

学友である、本橋貴拓さん、村里佳彦さん、本田葵さん、榎本遼太さん、岡本かおりさん、堀松辰彦さん、大矢悦子さんにもありがとうと言わせてほしい。私が今日まで生き延びることができたのも、研究の享楽を共有することのできる学友がいたからこそである。心よりの感謝を。

本書の草案を発表した、町田の小さな場所MUCHAでのレヴィナスイベントに来てくださった方々、および主催の浜崎／兵藤仁美さん、兵藤周平さんにもとても助けられました。あの場での素直で忌憚のない質問の数々があったからこそ、本書の論述が存在しています。

「古怒田望人クラウドファンディング」にご支援頂いた、村木悠介さん、ケヤキさん、荒巻さん、蓮本レモンさん、hacimaruさん、進藤淳さん、Reveさん、瓜大臣さん、外島貴幸さん、あげおさん、山崎光さん、中川浩幸さん、ねこさん、はるちゃんさん、本田きずなさん、梶塚富子さん、今坂正和さん、古川久瑠実さん、松井久未子さん、鈴木美裕さん、堀内ゅいさん、由浅啓吾さん、けむしさん、古怒田勝哉さんにも、それぞれ御礼を申し上げます。皆さんからのご支援がなければここまでたどり着くことはできませんでした。

青土社の明石陽介さんにも大変お世話になりました。せっかちな私の声を真摯にくみ取ってくださり、本書を一つの作品として仕上げる大きな手助けをしてくださいました。また、村上真里奈さんには本書を素敵な装丁で彩って頂きました。御礼申し上げます。

最後に、私の日々の生活を伴走してくれている、古怒田敦子さん、阿部朱音さんに本書を捧げたい。あつこさん、あかねさん、いつもありがとう。

二〇二五年、冬の洛中にて　古怒田望人／いりや

参考文献一覧

Ahmed, Sara (2006) *Queer Phenomenology: Orientation, Objects, Others*, Duke University Press

Beauvoir, Simone de (1949=1986) *Le Deuxième Sexe, t. I: Les faits et les mythes*, Gallimard, « Folio essais » [『決定版 第二の性〈Ⅰ〉事実と神話』『第二の性』を原文で読み直す会訳、新潮文庫、2001]

Benedicto, Bobby (2019) "Agents and Objects of Death: Gay Murder, Boyfriend Twins, and Queer of Color Negativity", *GLQ: A Journal of Lesbian and Gay Studies*, vol. 25 (2)

Bersani, Leo ベルサーニのテクストの引用には下記の略号を用いた。

FrB：(1986) *The Freudian Body: Psychoanalysis and art*, Columbia University Press

H：(1995) *Homos*, Harvard University Press

IRG：(2010) *Is the Rectum a Grave? and Other Essays*, The University of Chicago Press

RB：(2018) *Receptive Bodies*, The University of Chicago Press

Bettcher, Talia Mae (2014) "When Selves Have Sex : What the Phenomenology of Trans Sexuality Can Teach About Sexual Orientation", *Journal of Homosexuality*, vol. 61: 5

Brody, Donna (2001) "Levinas's Maternal Method from "Time and Other" through Otherwise Than Being: No Woman's Land?" in Tina Chanter (ed.) *Feminist Interpretations of Emmanuel Levinas*, The Pennsylvania State University Press

Butler, Judith (2004) *Precarious Life：The Powers of Mourning and Violence*, Verso [『生のあやうさ――哀悼と暴力の政治学』本橋哲也訳、以文社、2007]

Caserio, Robert L, et al, (2006) "The Antisocial Thesis in Queer Theory", *PMLA*, vol. 121 (3)

Chalier, Catherine (1982=2006) *Figures du Féminin: lecture d'Emmanuel Lévinas*, des femmes

Chanter, Tina (ed.) (2001) *Feminist Interpretations of Emmanuel Levinas*, The Pennsylvania State University Press

Ciocan, Cristian & Hansel, Georges (2005) *Levinas Concordance*, Springer

Cohen-Levinas, Danielle (dir.) (2011) *Levinas et l' Experience de la Captivité*, Lethielleux

Critchley, Simon (2015) *The Problem with Levinas*, Alexis Dianda (ed.) Oxford University Press

Derrida, Jacque (1967) *L'Écriture et la Différence*, Seuil [『エクリチュールと差異〈新

訳〉』合田正人ほか訳、法政大学出版局、2013]
Edelman, Lee (2004) *No Future: Queer Theory and The Death Drive*, Duke University Press
El Makki, Laura, et al (2014) *Un Été avec Proust*, Édieions des Équateurs[『プルーストと過ごす夏』國分俊宏訳、光文社、2017]
Freud, Sigmund (1905=1991) *Drei Abhandlungen zur Sexualtheorie*, Fischer Taschenbuch[「性理論のための三篇」渡邉俊之訳、『フロイト全集〈6〉1901-06年 症例「ドーラ」/性理論三篇』岩波書店、2009]
Gide, André (1902) *L'immoraliste*, Mercure de France[『背徳者』石川淳訳、新潮文庫、1951]
Guenther Lisa (2006) *The Gift of the Other: Levinas and the Politics of Reproduction*, State University of New York Press
Halberstam, Judith (2005) *In a Queer Time and Place: Transgender Bodies, Subcultural Lives*, New York University Press
——— (2008) "The Anti-Social Turn in Queer Studies" in *Graduate Journal of Social Science*. vol. 5: 2
Harman, Graham (2007) "Aesthetics as First Philosophy: Levinas and the Non-Human" in *Naked Punch*, Issue 9 (Summer/Fall)
Heidegger, Martin (1967) *Sein und Zeit*, Max Niemeyer[『存在と時間(下)』細谷貞雄訳、ちくま学芸文庫、1994]
Irigaray, Luce (1984) *Éthique de La Différence Sexuelle*, Les Éditions De Minuit[『性的差異のエチカ』浜名優美訳、産業図書、1986]
——— (1990=1991) "Question to Emmanuel Levinas: On the Divinity of Love" in Robert Bernasconi, et al (ed.) *Re-Reading Levinas*, Indiana University Press[「エマニュエル・レヴィナスへの質問」上村くにこ訳、『思想』第874号、岩波書店]
Jankélévitch, Vladimir (1966=1977) *La Mort*, Flammarion, « Champs »[『死』仲沢紀雄訳、みすず書房、1978]
Janssen, Ephraim Das (2017) *Phenomenal Gender: What Transgender Experience Discloses*, Indiana University Press
Kafer, Alison (2013) *Feminist, Queer, Crip*, Indiana University Press.
Katz, Clare Elise (2001) "Reinhabiting the House of Ruth: Exceeding the Limits of the Feminine in Levinas" in Tina Chanter (ed.) *Feminist Interpretations of Emmanuel Levinas*, The Pennsylvania State University Press
Lévinas, Emmanuel レヴィナスのテクストの引用には以下の略号を用いた。

DE：(1935=1982) *De L'Évasion*, fata morgana［「逃走論」、『レヴィナス・コレクション』合田正人編訳、ちくま学芸文庫、1999］

EE：(1947=1990) *De L'Existence à l'Existant*, Vrin［『実存から実存者へ』西谷修訳、ちくま学芸文庫、2005］

TA：(1948=1983) *Le Temps et l'Autre*, Puf［「時間と他なるもの」、『レヴィナス・コレクション』合田正人編訳、ちくま学芸文庫、1999］

RO：(1948=2000) "La réalité et son ombre" in *Les imprévus de l'histoire*, « Le Livre de Poche »［「現実とその影」、『レヴィナス・コレクション』合田正人編訳、ちくま学芸文庫、1999］

PT：(1949) "Pluralisme et transcendance" in *Actes du Xme COngrès International de Philosophie*, vol. 1, North-Holland Publishing Company［「多元論と超越」、『レヴィナス・コレクション』合田正人編訳、ちくま学芸文庫、1999］

TI：(1961=1990) *Totalité et Infini*, « Le Livre de poche »［『全体性と無限』藤岡俊博訳、講談社学術文庫、2020］

EDE：(1967=2006) *En Découvrant l'Existence avec Husserl et Heidegger: réimpression conforme à la première édition suivie d'essais nouveaux*, Vrin［『実存の発見――フッサールとハイデガーと共に』佐藤真理人ほか訳、法政大学出版局、1996］

HA：(1972=1987) *Humanisme de l'Autre Homme*, « Le Livre de Poche »［『他者のユマニスム』小林康夫訳、書肆風の薔薇、1990］

AE：(1974=1990) *Autrement Qu'être ou Au-delà de l'Essence*, « Le Livre de poche »［『存在の彼方へ』合田正人訳、講談社学術文庫、1999］

NP：(1976) *Noms Propres*, Fata Morgana［『固有名』合田正人訳、みすず書房、1994］

DSAS：(1977) *Du Sacré Au Saint: Cinq nouvelles lectures talmudiques*, Les Édition De Minuit［『［新装版］タルムード新五講話――神聖から聖潔へ』内田樹訳、人文書院、2015］

EI：(1982) *Éthique et Infini: dialogues avec Philippe Nemo*, « Le Livre de Poche »［『倫理と無限――フィリップ・ネモとの対話』西山雄二訳、ちくま学芸文庫、2010］

DQVI：(1982=1992) *De Dieu qui Vient à l'Idée*, Vrin［『観念に到来する神について』内田樹訳、国文社、1997］

HS：(1987) *Hors Sujet*, Fata Morgana［『外の主体』合田正人訳、みすず書房、1997］

EN：(1991) *Entre Nous: essais sur le panser-à-l'auere*, Grasset［『われわれのあいだで――《他者に向けて思考すること》をめぐる試論』合田正人ほか訳、法政

大学出版局、1993〕
DMT：(1993=1995) *Dieu, la MORT et le Temps*, « Le Livre de poche »〔『神・死・時間』合田正人訳、法政大学出版局、1994〕
DL：(1963=1976) *Difficile Liberté: essais sur le judaïsme*, Albin Michel〔『困難な自由 増補版・定本全訳』合田正人ほか訳、2008〕
Œ1：(2009) *Œuvres complètes, t. 1, Carnets de Captivité suivi de Écrits sur la Captivité et Notes philosophiques diverses*, Grasset-IMEC〔『レヴィナス著作集〈1〉捕囚手帳ほか未刊著作』三浦直希ほか訳、法政大学出版局、2014〕
Œ2：(2011) *Œuvres complètes, t. 2, Parole et Silence et Autres Conférences Inédites au Collége philosophieque*, Grasset-IMEC〔『レヴィナス著作集〈2〉哲学コレージュ講演集』藤岡俊博ほか訳、法政大学出版局、2016〕
Œ3：(2013) *Œuvre complètes, t. 3, Eros, Littérature et Philosophie*, Grasset-IMEC〔『レヴィナス著作集〈3〉エロス・文学・哲学』渡名喜庸哲ほか訳、法政大学出版局、2018〕
Malabou, Chatherine (2012) “Le Sens du « féminin »” in *Revue de MAUSS*, n° 39
Nichols, Ben (2020) *Same Old: Queer Theory, Literature and The Politics of Sameness*, Manchester University Press
Noailles, Anna de (1901) *Le cœur innombrable*, Calmann Lévy
Proust, Marcel (1925=1992) *Albertine disparue*, Gallimard, « Folio classique »〔『失われた時を求めて〈11〉第六篇 逃げ去る女』鈴木道彦訳、集英社文庫ヘリテージシリーズ、2007〕
———— (1927=1990) *Le Temps retrouvé*, Gallimard, « Folio classique »〔『失われた時を求めて〈12〉第七篇 見出された時Ⅰ』『失われた時を求めて〈13〉第七篇 見出された時Ⅱ』鈴木道彦訳、集英社文庫ヘリテージシリーズ、2007〕
Rogozinski, Jacob (2011) “De la Caresse à La Blessure: Outrance de Levinas” in *Les Temps Modernes*, n° 664〔「愛撫から傷へ——レヴィナスの行き過ぎ」小倉拓也訳、『現代思想』第 40 巻第 3 号〕
Rubin, Henry (2003) *Self-Made Men: Identity and Embodiment Among Transsexual Men*, Vanderbilt University Press
Salamon, Gayle (2010) *Assuming a Body: Transgender and Rhetorics of Materiality*, Columbia University Press〔『身体を引き受ける——トランスジェンダーと物質性のレトリック』藤高和輝訳、以文社、2019〕
Sandford, Stella (2000) *The Metaphysics of Love: Gender and Transcendence in Levinas*, The Athlone Press
Stryker, Susan (2004) “Transgender Studies: Queer Theory’s Evil Twin” in *GLQ: A*

Journal of Lesbian and Gay Studies, vol. 10, #2
Tuhkanen, Mikko (2014) *Leo Bersani: Queer Theory and Beyond*, State University of New York Press
——— (2020) *Leo Bersani: A Speculative Introduction*, Bloomsbury Academic
Wittig, Monique (1992) *The Straight Mind: and Other Essays*, Beacon Press
Young, Iris Marion (2005) *On Female Body Experience: "Throwing like a Girl" and Other Essays*, Oxford University Press
Ziarek, Plonowska Ewa (2001) "The Ethical Passion of Emmanuel Levinas" in Tina Chanter (ed.) *Feminist Interpretations of Emmanuel Levinas*, The Pennsylvania State University Press

石井雅巳・高井寛（2019）「倫理は分離を前提とする——『全体性と無限』における自我論と他者論の関係について」、『レヴィナス研究』第1号
石井雅巳（2021）「レヴィナスにおける反‐歴史論の展開と変遷」、『倫理学年報』第70集
井芹真紀子（2013）「フレキシブルな身体——クィア・ネガティヴィティと強制的な健常的身体性」、『論叢クィア』vol. 6
稲原美苗ほか編（2020）『フェミニスト現象学入門——経験から「普通」を問い直す』ナカニシヤ出版
稲原美苗ほか編（2023）『フェミニスト現象学——経験が響きあう場所へ』ナカニシヤ出版
伊原木大佑（2015）「E・レヴィナス「エロスの現象学」における二元性の問題」、『基盤教育センター紀要』第23号
内田樹（2001=2011）『レヴィナスと愛の現象学』文春文庫
内田樹（2022）『レヴィナスの時間論——『時間と他者』を読む』新教出版社
内田樹・合田正人（1986）「レヴィナスを語る——「あとがき」に代えて」、エマニュエル・レヴィナス『超越・外傷・神曲——存在論を超えて』内田樹・合田正人編訳、国文社
熊野純彦（1999a）『レヴィナス入門』ちくま新書
———（1999b）『レヴィナス——移ろいゆくものへの視線』岩波書店
小泉義之（2003）『レヴィナス——何のために生きるのか』NHK出版
合田正人（1988）『レヴィナスの思想——希望の揺籃』弘文堂
———（1999=2011）『レヴィナスを読む——〈異常な日常〉の思想』ちくま学芸文庫

小手川正二郎（2015）『甦るレヴィナス――『全体性と無限』読解』水声社
――――（2022）「「子どもをもつ」とはいかなることか――反出生主義に抗するレヴィナス」、杉村靖彦ほか編『個と普遍――レヴィナス哲学の新たな広がり』法政大学出版局
古怒田望人（2020）「老化の時間的構造――レヴィナスの老いの現象学の解明を通して」、浜渦辰二編『傷つきやすさの現象学――2016年度～2018年度 科学研究費・基盤研究（B）（一般）「北欧現象学者との共同研究に基づく人間の傷つきやすさと有限性の現象学的研究」研究成果報告書』
――――（2022）「『抹消された快楽』において抹消されるトランスの快楽」、『Limitorophe＝リミトロフ』No. 1
佐川魅恵（2023）「「性的な存在」の関係論的形成――恋愛／性愛における違和の経験に着目して」、『ジェンダー＆セクシュアリティ』第18号
佐藤義之（2000）『レヴィナスの倫理――「顔」と形而上学のはざまで』勁草書房
サランスキ、ジャン＝ミシェル（2010=2012）「レヴィナスに対する諸反論について」小手川正二郎訳、『現代思想』第40巻第3号
杉田水脈（2018）「「LGBT」支援の度が過ぎる」、『新潮45』第37巻第8号
鈴木道彦（2007）「はじめに」、マルセル・プルースト『失われた時を求めて〈13〉第七篇 見出された時Ⅱ』鈴木道彦訳、集英社文庫ヘリテージシリーズ
関根小織（2007）『レヴィナスと現れないものの現象学――フッサール・ハイデガー・デリダと共に反して』晃洋書房
高野浩之（2022）「エロス」、レヴィナス協会編『レヴィナス読本』法政大学出版局
高橋幸（2021）「ジェンダー平等な恋愛に向けて――大澤真幸の言う「恋愛」はなぜ「不可能」なのかの考察から」、『現代思想』第49号第10号
竹村和子（2002=2021）『愛について――アイデンティティと欲望の政治学』岩波現代文庫
デリダ、ジャック（1997=2004）『アデュー――エマニュエル・レヴィナスへ』藤本一勇訳、岩波書店
――――（2000=2006）『触覚、――ジャン＝リュック・ナンシーに触れる』松葉祥一ほか訳、青土社
――――（2006=2023）『動物を追う、ゆえに私は（動物で）ある』マリ＝ルイーズ・マレ編、鵜飼哲訳、ちくま学芸文庫
渡名喜庸哲（2021）『レヴィナスの企て――『全体性と無限』と「人間」の多層性』勁草書房

――――（2024）『レヴィナス 顔の向こうに』青土社
戸谷洋志（2024）『恋愛の哲学』晶文社
中真生（2015）「レヴィナスにおける女性的なもの」、『京都ユダヤ思想』第 4 号
長尾優希（2023）「ベルサーニの暴力的ケア／サエボーグの横滑りする身体」、『ジェンダー＆セクシュアリティ』第 18 号
ナンシー、ジャン＝リュック（2011=2012）「『エロス』――エマニュエル・レヴィナスの小説？」渡名喜庸哲訳、『現代思想』第 40 巻第 3 号
西谷修（1987=2005）「訳者あとがき」、エマニュエル・レヴィナス『実存から実存者へ』西谷修訳、ちくま学芸文庫
野間俊一（2006）『身体の哲学――精神医学からのアプローチ』講談社選書メチエ
バトラー、ジュディス（2000=2002）「倫理の両義性」竹村和子訳、『批評空間』第Ⅲ期第 2 号
――――（2015=2018）『アセンブリ――行為遂行性・複数性・政治』佐藤嘉幸ほか訳、青土社
原田武（1998）『プルーストに愛された男』青山社
檜垣立哉（2012）「逆向き幽霊としての子供――デリダに対抗するレヴィナス」、『現代思想』第 40 巻第 3 号
藤岡俊博（2014）『レヴィナスと「場所」の倫理』東京大学出版会
藤高和輝（2019）「「曖昧なジェンダー」の承認に向けて――ボーヴォワール『第二の性』における「両義性＝曖昧性」」、『女性空間』第 36 号
ベンスーサン、ジェラール（2014）「両義性と二元性――レヴィナスにおけるエロス的なものについて」平石晃樹訳、合田正人編『顔とその彼方――レヴィナス『全体性と無限』のプリズム』知泉書館
ホークスワース、メアリー（2019=2022）『ジェンダーと政治理論――インターセクショナルなフェミニズムの地平』新井美佐子ほか訳、明石書店
宮永隆一朗（2020）「It's About Time――クィア・エイジングの理論へ向けて、または映画『ベンジャミン・バトンの数奇な運命』とポジティヴ・エイジングのイデオロギー」、『年報カルチュラル・スタディーズ』第 8 号
瑞恵（2007）「関係が変える私の性」、ROS 編『トランスがわかりません!!――ゆらぎのセクシュアリティ考』アットワークス
村上靖彦（2012）『レヴィナス――壊れものとしての人間』河出書房新社
――――（2014）「重力と水――レヴィナスのエロスと体が動かない人の介護」、合田正人編『顔とその彼方――レヴィナス『全体性と無限』のプリズム』知泉書館

――――（2023）『傷の哲学、レヴィナス』河出書房新社
村山敏勝（2005=2022）『（見えない）欲望へ向けて――クィア批評との対話』ちくま学芸文庫
モッセ、ジョージ・L（1988=1996）『ナショナリズムとセクシュアリティ――市民道徳とナチズム』佐藤卓己ほか訳、柏書房
屋良朝彦（2003）『メルロ＝ポンティとレヴィナス――他者への覚醒』東信堂
横田祐美子（2022）「レヴィナスとフェミニズム」、レヴィナス協会編『レヴィナス読本』法政大学出版局
山内尚・清水えす子（2024）『シミズくんとヤマウチくん――われら非実在の恋人たち』柏書房
山内尚（2024）『ノンバイナリースタイルブック』柏書房

古怒田望人／いりや（こぬた・あさひ／いりや）
1992年生まれ。ジェンダークィア。大阪大学大学院人間科学研究科博士後期課程修了。博士（人間科学）。現在、工学院大学等非常勤講師。専門は、哲学、クィア理論、トランスジェンダー研究。共著に『フェミニスト現象学入門——経験から「普通」を問い直す』（ナカニシヤ出版、2020年）、『フェミニスト現象学——経験が響きあう場所へ』（同、2023年）。主な論文に「ベルサーニをトランスする——ベルサーニのクィア理論におけるトランスリーディングの可能性」（『Gender & Sexuality』第19号）など。

クィア・レヴィナス

2025年3月27日　第1刷印刷
2025年3月31日　第1刷発行

著　者　　古怒田望人／いりや

発行人　　清水一人
発行所　　青土社
東京都千代田区神田神保町1-29　市瀬ビル　〒101-0051
［電話］03-3291-9831（編集）　03-3294-7829（営業）
［振替］00190-7-192955

印刷・製本　シナノ印刷
本文組版　フレックスアート

装　幀　　村上真里奈

ISBN 978-4-7917-7703-7　Printed in Japan